Régine Pernoud

Martin von Tours

HERDER / SPEKTRUM

Band 4590

Das Werk

Das, wofür sein Bild steht, ist aus unserem Bewußtsein als Vorbild nicht mehr zu löschen und in der Gegenwart aktueller denn je. Der geteilte Mantel – in diesem Symbol wurde er zu einer der menschlich anrührendsten Figuren des Abendlands. In allen Gemeinden tragen Kinder zu seinem Festtag Lichter durch die Straßen. Kirchen in der ganzen Welt sind ihm gewidmet. Der Begriff „Kapelle" rührt von der kleinen Kirche her, in der man seinen Chorrock (frz. „chape") verehrte. Eine bedeutende Profanhistorikerin legt jetzt die populäre Biographie dieser Gestalt vor. Martin von Tours gewinnt in dem Buch von Régine Pernoud, die sein Leben von der Geburt bis zum Tod erzählt, ein neues Gesicht – aus seiner Zeit heraus. Es ist eine Epoche des Umbruchs: Fall des Römischen Reiches, Übernahme des Westens durch die Kirche. Die Wüstenväter im Orient suchen weltfern den grandios-asketischen Kampf in der direkten Konfrontation mit den Dämonen. Martin reagiert anders: Er dient als Soldat einem Sklaven und putzt dessen Schuhe. Er macht sich dadurch beinahe lächerlich, und er weiß es. Und gerade dadurch eröffnet er unvorstellbar neue Perspektiven auf das alltäglichste Leben – und für die Zukunft. Auch als Mensch gewinnt er in der Schilderung Pernouds Kontur – in der Darstellung der Akten, der Anekdoten und Wundererzählungen: Da ist der Fünfzehnjährige, der davon träumt, Wüsteneremit zu werden und zum Soldatenberuf gezwungen wird. Oder der Mönch, der gegen seinen Willen zum Bischof gewählt wird. Er wird beides – aber anders als die anderen. Er bringt das Absolute in den Alltag ein und gibt dem „Heiligen" ein dem anderen zugewandtes Gesicht. Er wendet sich gegen politische Strafen in geistlichen Dingen. Er ist ein Mann des einfachen Volks und wird vom einfachen Volk geliebt und verstanden. Er verzichtet nicht auf alles, er teilt. Verantwortung wahrnehmen, die Not des anderen sehen und handeln – das ist auch die Botschaft für heute: Mit Teilen läßt sich leben. Die instruktive, lebendig erzählte und in der historischen Erschließung kompetente Erzählung von einem großen Menschen und einem innovativen Christen.

Die Autorin

Régine Pernoud, Historikerin, Fachkennerin des Mittelalters, hat über diesen Zeitabschnitt eine Vielzahl von Büchern geschrieben, die Bestseller wurden. Berühmt wurden ihre Werke über große historische Persönlichkeiten: Jeanne d'Arc, Hildegard von Bingen, Christine de Pisan, Heloise und Abaelard u. a. Sie ist außerdem Autorin von historischen Werken, die zu Klassikern wurden: Bei Herder/Spektrum: „Frauen zur Zeit der Kreuzzüge".

Régine Pernoud

Martin von Tours

Einer, der wußte, was recht ist – Biographie

Aus dem Französischen von Bernardin Schellenberger

Herder
Freiburg · Basel · Wien

Deutsche Erstausgabe
Gedruckt auf umweltfreundlichem,
chlorfrei gebleichtem Papier

Titel der französischen Originalausgabe: Martin de Tours. Rencontre.

Herstellung: Freiburger Graphische Betriebe 1997
Umschlaggestaltung: Joseph Pölzelbauer
Umschlagmotiv: Der heilige Martin mit dem Bettler, Ulmer Meister um
1465 aus der Nachfolge des Meisters der Sterzinger Flügel.
Alte Pinakothek München, Bayerische Staatsgemäldesammlungen.
Joachim Blauel – Artothek.
ISBN 3-451-04590-7

Gewidmet allen, die, wie der heilige Martin in seiner Zeit, für das dritte Jahrtausend eine neue Kultur aufbauen müssen, zum Beispiel
Fanny und Julie,
Grégory und Clémence,
Hélène
und die andern …

Inhalt

Vorwort 9
I. Martins Kindheit und Jugend 17
II. Martin und Hilarius von Poitiers 32
III. Der Bischof von Tours und die Kirche seiner Zeit 53
IV. Der Bischof in seiner Diözese 76
V. Auf Wegen und Stegen 91
VI. Die Umgebung 115
VII. Die Frauen 125
VIII. Der Fall Priscillian 135
IX. Die „Goldene Legende" Martins 144
X. Der Tod des heiligen Martin. 155
XI. Der Kult 163
XII. Die Heiligkeit Martins 181

Vorwort

Der 11. November ist in jedem französischen Kalender als Gedenktag gekennzeichnet: 1918 endete an diesem Tag jenes Völkermorden, das als der Erste Weltkrieg in die Geschichte eingehen sollte. Aber bereits als es noch lange kein Land namens Frankreich gab, wurde der 11. November im Kalender der gesamten Christenheit hervorgehoben. An diesem Tag des Jahres 397 war nämlich in Tours jener Mensch beigesetzt worden, den wir heute noch als den heiligen Martin kennen.

Martin war ein erstaunlicher Mensch; es gab viel Widersprüchliches in seinem Leben: Niemals konnte er das verwirklichen, was er sich eigentlich vorgenommen hatte. Trotzdem übertrifft sein Lebenswerk alles, was er sich je hätte erhoffen können. Dieser Mensch, der immer versucht war, sich ins Unscheinbare zurückzuziehen, hat eine außerordentliche, ja geradezu unvergleichliche Berühmtheit erlangt. Einsiedler wollte er werden, der Welt entfliehen und Askese üben; tatsächlich aber war er zeit seines Lebens von vielen Menschen umgeben, und sogar nach seinem Tod – bis heute – suchen Menschen ihn auf. Die Wallfahrt zum heiligen Martin nach Tours wurde bald die größte – nach den drei bedeutendsten christlichen Wallfahrtsorten des Mittelalters, Jerusalem, Rom und später Santiago de Compostela. Als Soldat ist er in die Erinnerung der Menschen eingegangen. Tatsächlich war er Soldat, doch ganz gegen seinen Willen. Weil er sich für unwürdig hielt, hatte er sich einst geweigert, die Priesterweihe zu empfangen – und wurde Bischof. Er wollte der Welt entfliehen und hatte die Verborgenheit gesucht, doch schon zu seinen Lebzeiten war er berühmt geworden – nicht zuletzt auf Grund einer Biographie, die bereits vor seinem Tod verfaßt und verbreitet worden war.

Den Menschen, die damals schon heraus spürten, was dieser wortkarge, wenig anziehende, hartnäckig an einem Leben in Armut festhaltende Mensch Außergewöhnliches an sich hatte, verdanken wir diese Lebensbeschreibung aus dem vierten Jahrhundert. Sie wurde in jener Zeit verfaßt, in der die Kirche sich endlich der Freiheit erfreuen und sich offen entfalten konnte, doch sie wurde alsbald von Meinungsverschiedenheiten zerrissen, die befürchten ließen, sie werde untergehen.

Nur von wenigen Persönlichkeiten des vierten Jahrhunderts gab es Lebensbeschreibungen – und erst recht keine, die schon zu ihren Lebzeiten erschienen. Daß dies bei Martin von Tours der Fall ist, verdanken wir seinem Freund Sulpicius Severus, der Martin lange genug überlebte, so daß er auch noch über sein Sterben und seinen Tod berichten konnte. Auf diese Weise haben wir das außerordentliche Glück, heute ein zeitgenössisches Dokument vom Leben und Sterben dieses großen Heiligen der Christenheit zu besitzen.

Auf der Suche nach Heiligkeit

Sulpicius Severus war ein stattlicher, junger und reicher Mann. Er wohnte in Bordeaux, einer im vierten Jahrhundert besonders reichen Stadt, wo er eine auserlesene Bildung erfahren hatte. Er übte den Beruf des Advokaten aus und tat das mit Bravour, denn er verfügte über eine ausgezeichnete Redegewandtheit. Seine Familie gehörte zu jener gallisch-römischen Aristokratie, die die Gunst der römischen Kaiser genoß und auf die sich deren Macht stützte. In jener Gegend, die später Aquitanien genannt wurde, gab es auch etliche Familien, die über ausgedehnten Grundbesitz verfügten, unzählige Sklaven besaßen und im Reichtum schwelgten. Quer durch die Provinz zogen sich Wasserstraßen, die zu Schiff befahren werden konnten. So war ein reger Handelsverkehr möglich. Bordeaux hatte damals den Ruf einer „Intellektuellenstadt". So wie in Toulouse wohnten auch dort zahlreiche Bürger, die völlig die für das römische Reich typischen Sitten und den Geschmack römischer Reichsbürger angenommen hatten. Man fand in der Umgebung von Toulouse genauso viele Büsten und Skulpturen aus der römischen Kaiserzeit wie in der Umgebung Roms. Sie hatten dazu gedient, die Villen der allerreichsten Familien dieser Gegend zu schmücken.

Sulpicius Severus war schon in jungen Jahren unter der „bürgerlichen Oberschicht" als Advokat bekannt geworden. Sein Name ist untrennbar mit dem des Mannes verknüpft, der später Paulinus von Nola genannt wurde. Mit diesem verband ihn eine enge Freundschaft. Paulinus war Advokat wie Sulpicius, stammte aus einer noch wohlhabenderen Familie und fühlte sich ebenfalls zu den Geisteswissenschaften hingezogen. Man kann sich leicht vorstellen, wie die beiden Freunde die Thermen oder die damaligen Literaturzirkel besuchten, wo über die Gedichte von Vergil oder Ovid oder die Rhetorik des Cicero diskutiert wurde. Paulinus stand in hoher Gunst des Kaisers Valentinian II., hatte einige Zeit das Amt des Gouverneurs von Campanien ausgeübt, sich dann aber aus seinen öffentlichen Ämtern zurückgezogen, um auf seinem Landgut außerhalb von Bordeaux ein Leben gepflegter Muße zu führen, wie das an den Ufern der Garonne eine beliebte Gewohnheit war.

Da ereignet sich ungefähr um das Jahr 389 etwas Unerwartetes in seinem Leben (Paulinus ist damals etwa 36 Jahre alt): Er wird vom Evangelium erfaßt. Seit gut sechzig Jahren hatte sich die christliche Religion in aller Freiheit ausbreiten können – denn mit dem von Kaiser Konstantin im Jahr 313 erlassenen Edikt von Mailand hatten die Verfolgungen aufgehört. So soll sich das Leben dieses bislang eher leichtfertig-spielerischen Menschen von Grund auf verändern. Im Jahr 390 empfängt er zusammen mit seiner Frau Therasia die Taufe. Möglicherweise ist ihm sein Zugang zur christlichen Religion durch den tiefen Schmerz eröffnet worden, den er beim Tod eines innig geliebten Bruders erlitten hatte.

Wenig später wird auch Sulpicius von der Gnade des Gottes der Christen gepackt. Er ist noch nicht lange verheiratet. Vielleicht spielte der Einfluß seiner Schwiegermutter Bassula, einer tief überzeugten Christin, eine Rolle bei seiner Bekehrung. Er empfängt die Taufe. Bald danach stirbt seine junge Frau. Er selbst wird von seinem Vater ausgestoßen und enterbt, da dieser völlig gegen die Konversion seines Sohnes zum Christentum ist. Doch Sulpicius ist ohnehin gewillt, sich aller seiner Güter zu entäußern, um dem Ruf des Evangeliums ganz wörtlich zu folgen. Von dem, was ihm seine Frau vererbt, behält er nur ein kleines Gut als bescheidene Unterkunft. Dort nimmt er von nun an zahlreiche Konvertiten auf, die ein Leben des Gebets und der Askese führen wollen. Der Ort nennt sich Primuliacum. Er ist vermutlich mit dem kleinen Städtchen Alzonne an der Straße von Toulouse nach Carcassonne, unweit von Bram im Aude, identisch. Sulpicius muß sich dort im Jahre 394 oder wenig vorher niedergelassen haben.

Dorthin sind auch die Briefe adressiert, die ihm Paulinus schreibt, zum Beispiel den, mit dem er in der damals üblichen pathetischen Sprache die Bewunderung zum Ausdruck bringt, die er für seinen jungen Freund empfindet: „Du, mein lieber Bruder, hast dich auf eine wunderbarere Weise (als ich) zum Herrn bekehrt, denn anders als ich warst du in der Blüte der Jahre, dein guter Ruf war weit größer, die Last deines Erbes viel leichter, das Maß deines Vermögens nicht weniger beträchtlich. Du befandest dich noch ganz auf der Bühne der Welt, das heißt, du warst noch berühmt vor den Schranken des Gerichts und wurdest als brillanter Redner gefeiert, als du unter dem plötzlichen Einschlag der Gnade das Joch der Knechtschaft der Sünde zerbrachst, die tödlichen Bande von Fleisch und Blut zerrissest. Weder dein überbordender Reichtum, den dir die Einheirat in eine Familie von Konsuln verschafft hatte, noch die wiedergefundene Freiheit zum Sündigen nach dem allzu frühen Ende deiner Ehe konnten dich davon abhalten, energisch auf die enge Pforte des Heils zuzuschreiten, den rauhen Weg der Tugend zu betreten und dich nicht mehr dem bequemen und breiten Weg zuzuwenden, den die große Masse geht."

Und Paulinus fährt fort und erinnert ihn an die Freundschaft, die sie in ihrer Jugend verbunden hatte: „Wie könnten wir dem Herrn all das vergelten, was er uns geschenkt hat, und besonders die Gnade, daß er dich mit uns vereint hat, zuerst in der Welt durch die Bande einer so zärtlichen Freundschaft, dann aber auch in seinem Dienst durch die Bande einer spirituellen Geschwisterschaft und einer unzertrennlichen Gefährtenschaft ... Unsere enge Freundschaft schon in unserem früheren Leben, als wir noch dem anhingen, wovon wir uns in der Kraft Christi jetzt abgewendet haben, zeigt deutlich, daß wir beide schon immer dazu bestimmt waren, in der Liebe Christi ein Herz und eine Seele zu sein."

Paulinus war mit seiner Frau wieder in die Campagna zurückgekehrt und hatte sich in Nola niedergelassen. Nola war eine Kleinstadt, die vom heiligen Felix gegründet worden war, dessen Grab sich auch dort befand. Paulinus und seine Frau pflegten ein äußerst strenges Leben. Sie lebten zwar zusammen, aber wie Bruder und Schwester, und widmeten sich der Sorge für Pilger und die Armen. Paulinus war vor Zeiten in Barcelona zum Priester geweiht worden; 409 wurde er zum Bischof von Nola berufen. In einem seiner Briefe an Sulpicius schreibt er: „Du hast mir von der Mehrung deines himmlischen Erbes geschrieben, indem du dich auf heilsame Weise all dessen entäußert hast, was dich im gegenwärtigen Leben an Gütern beschwert. So hast du dir um den Preis hinfälliger Güter den Himmel und Christus erworben." Der Briefwechsel zwischen den Freunden läßt keinen Zweifel an ihrer radikalen Bekehrung. Beide gaben ihr gesamtes Vermögen weg. Wie bereits erwähnt, hatte Sulpicius nur sein Gut zu Primuliacum behalten, um dort Freunde und seine Schwiegermutter aufnehmen zu können. Ihr, deren Eifer offenkundig ist, blieb er weiterhin in enger Freundschaft verbunden. Trotzdem plagen ihn Skrupel, weil er noch Eigentum besitzt, und Paulinus muß ihn in diesem Punkt aufrichten: „Du läßt dich von dem Gedanken niederdrücken, daß du immer noch ein elender Mensch bist und mit einem Fuß in der Hölle steckst, weil, wie du mir schreibst, es so aussieht, als hättest du es nicht fertiggebracht, wirklich alles zu verkaufen, denn du hast ein kleines Gut zurückbehalten. Aber schau, auch dieses Gut hast du doch genauso hergegeben, als hättest du es verkauft, denn du widmest es jetzt ganz dem Zweck, möglichst reiche geistliche Frucht zu bringen. Indem du dein Leben ganz Gott verschrieben hast, ist das, was du für dich behalten hast, Eigentum der Kirche, der du dienst."

Sulpicius Severus, der zurückgezogen auf seinem Gut lebt, empfängt zahlreiche Besucher. Auf diese Weise hört er vom Bischof Martin von Tours.

Paulinus dagegen war Martin schon vor seiner Bekehrung begegnet. Später wird Sulpicius die näheren Umstände dieser Begegnung schildern. Er schreibt: „Paulinus, ein berühmter Mann, der in der Folge beispielhaft leben sollte, litt an einem Auge, dessen Pupille schon von einem dichten Schleier überzogen war, große Schmerzen. Martin berührte dieses Auge mit einem Schwamm, befreite ihn vollkommen von seinen Schmerzen und schenkte ihm seine frühere Gesundheit zurück." Das hatte sich wahrscheinlich während einer Reise Martins nach Vienne zugetragen. Man darf annehmen, daß die Freunde sich ausführlich über diese Heilung unterhalten haben.

Aber das ist sicher nicht der einzige Grund, der Sulpicius bewog, Martin zu besuchen. Offensichtlich hatte der Ruf des Bischofs von Tours schon vorher seine Neugier erregt. Er schreibt: „Seit längerem hatten wir von seinem Glauben, seinem Leben und seiner Tugend erzählen hören, und wir brannten darauf, ihn kennenzulernen. Und so haben wir mit Freuden eine lange Reise auf uns genommen, um ihn mit eigenen Augen sehen zu können." Tatsächlich war zu der damaligen Zeit der Weg von den Gefilden der Garonne bis an die Ufer der Loire lang und mühsam. Dank der Täler der Saône und Rhône war eine Reise von Norden nach Süden relativ leicht, aber in Richtung zur Atlantikküste war das anders, zumal die Römerstraßen Frankreich in der West-Ost-Richtung durchkreuzten.

„Von diesem Zeitpunkt an", erzählt Sulpicius weiter, „verspürten wir den brennenden Wunsch, sein Leben zu beschreiben." Seine natürliche Begabung kam diesem ganz persönlichen Wunsch entgegen, und so gelang ihm später ein ausgezeichnetes literarisches Werk. Er entschloß sich also zur Reise, und „es ist schier unglaublich, mit welcher Demut und Güte mich Martin schließlich bei sich aufnahm. Er pries sich äußerst glücklich und freute sich im Herrn, daß wir ihn so schätzten und unser Wunsch, ihn persönlich kennenzulernen, uns dazu geführt hatte, seinetwegen diese weite Reise auf uns zu nehmen." Er erzählt von seiner Betroffenheit, als Martin sie einlud, sein Mahl zu teilen, und er erlebte, daß „er es war, der uns das Wasser zum Händewaschen reichte, und er uns am Abend die Füße wusch ... Wir wagten nicht, uns dagegen zu sträuben oder ihm zu widersprechen. Seine Autorität war so stark, daß ich es als Sakrileg empfunden hätte, ihn dies nicht tun zu lassen."

Dieser Besuch hinterließ zweifellos bei Sulpicius einen sehr starken Eindruck. Er fand in Martin eine Persönlichkeit, die ganz der Heiligkeit entsprach, welche man ihm beschrieben hatte. „Sein Gespräch ging fast nur darum, daß man sich von den Reizen der Welt und den Lasten des

Erdenlebens lösen müsse, um dem Herrn Jesus in Freiheit und innerer Unabhängigkeit nachzufolgen.“ Martin stellte ihm sogar als Beispiel dafür Paulinus vor Augen. Dieser Umstand läßt ahnen, wie sehr die Gespräche mit Martin Sulpicius ins Herz getroffen haben müssen. „Als hervorragendstes Beispiel unserer Zeit stellte er uns dasjenige des Paulinus vor Augen, dieses berühmten Mannes, den wir weiter oben schon erwähnt haben; des Paulinus, der auf gewaltigen Reichtum verzichtet hatte, um Christus nachzufolgen, und der fast der einzige unserer Zeitgenossen war, der die Gebote des Evangeliums voll und ganz in die Tat umsetzte. Ihm müssen wir es nachtun, rief Martin laut aus, ihn müssen wir nachahmen!“ Diese Worte trafen wohl Martins Gesprächspartner mitten ins Herz. Martin wies daraus eine Lehre für die gegenwärtige Generation: „Dieser Reiche, der so viele Güter besessen hat“, sagte er, „hat gemäß dem Wort des Herrn alles verkauft und den Erlös den Armen gegeben. Er hat mit seinem Beispiel gezeigt, daß das, was heutzutage anscheinend unmöglich ist, tatsächlich geschehen kann.“

Nach dieser Begegnung konnte sich Sulpicius an das begeben, was sein großes Lebenswerk werden sollte: eine Lebensbeschreibung des Martin von Tours. Nichts weniger war notwendig, als der Ruf des Evangeliums und die Kraft des Glaubens, um zwei so grundverschiedene und auch ihrer sozialen Herkunft nach so unterschiedliche Menschen aufeinander aufmerksam zu machen.

I
Martins Kindheit und Jugend

Im Jahr 316 oder 317 kam ein Junge zur Welt, dem man den Namen Martin gab. (Das ist die Verkleinerungsform von Mars, dem Kriegsgott.) Er wurde in Pannonien geboren, in der Stadt Sabaria, wobei es sich zweifellos um die Stadt Szombathely unweit des Balaton-Sees im heutigen Ungarn handelt.

Das Geburtsjahr sollte zum Nachdenken anregen. Erinnern wir uns: Es ist gerade drei oder vier Jahre her, daß Kaiser Konstantin Anfang 313 mit seinem berühmten Edikt von Mailand der christlichen Kirche die Freiheit geschenkt hat. Er hob die harten Maßnahmen gegen die Anhänger des Christentums, die seine Vorgänger auf dem Kaiserthron angeordnet hatten, auf, vor allem diejenigen des Diokletian, der erst 305 abgedankt hatte. Unter Diokletian hatten die Regierungsinstanzen freie Hand gehabt, um gnadenlos wie ihr Kaiser gegen die Christen vorzugehen. Das wurde durch Konstantins Entscheidung auf einen Schlag anders. Nach Jahrhunderten des Lebens in Heimlichkeit und im Untergrund durften die Christen plötzlich offen vor aller Augen ihren Glauben praktizieren und bekennen.

Warum Martin ausgerechnet den Namen „kleiner Mars" (oder „Märslein") von seinen Eltern erhalten hat, ist leicht erklärt: Er ist das erstgeborene Kind – und wird übrigens das einzige bleiben – eines Soldaten, den wir heute als „Aufsteiger" bezeichnen würden. Sein Vater hatte es zum Militärtribun gebracht und setzte offensichtlich auf seinen Sohn die Hoffnung, er werde es ihm nachtun und auch Soldat werden. Aus diesem Grund gab er ihm diesen Namen, der sich unfaßbar stark ausbreiten sollte – allerdings unter ganz anderen als militärischen Vorzeichen! Noch heute gibt es in Frankreich den Familiennamen „Martin" zwei- oder dreimal so häufig wie den Namen „Dupont"; wir werden noch Gelegenheit haben, auf dieses Thema zurückzukommen.

Die Familie bleibt nicht lange in Pannonien. Einige Jahre nach der Geburt des Martin wechselt sein Vater in den Stand des Veteranen. Er erhält ein Haus und Grundstücke zugewiesen, um dort seinen Ruhestand zu verbringen. Dieses Anwesen liegt in der Poebene, in Ticinium, einer Ortschaft, die wir heute Pavia nennen: ein friedliches Städtchen an den Ufern des Ticino, eine Tagereise zu Fuß von Mailand entfernt. Dort wird Martin seine Kindheit verbringen, eine Kindheit wie jede andere, von der wir so gut wie nichts wissen, die sich aber vermutlich zwischen Elternhaus und Schule abspielt, denn damals wurden auf dem weiten Gebiet des Römischen Reiches die Kinder schon fast allgemein von den Schulen erfaßt.

Rom war zu dieser Zeit „eine Stadt mit Hinterland", oder genauer: mit mehreren „Hinterländern". Diese „Hinterländer" umfaßten ganz Europa, ausgenommen Germanien, Nordafrika und Kleinasien. Über dieses gewaltige Gebiet herrschte der Kaiser, oder genauer: herrschen die Kaiser, denn Anfang des 4. Jahrhunderts war beschlossen worden, daß sich vier Herrscher die Regierung des Reichs teilen sollten. Im Jahr 324 wurde Konstantin wieder Alleinherrscher, und in der Folgezeit sollten recht viele Gestalten Anspruch auf die Herrschaft über das Reich erheben. Sie waren in den meisten Fällen von ihrer Armee auf den Schild gehoben worden. Die Armee war die wichtigste Stütze der Kaiser. Rom regierte mittels seiner Militärs und auch seiner Funktionäre. Letztere bauten eine geradezu pedantische Verwaltung auf, die bis in die letzten Winkel des Reiches die Macht des Staats spüren ließ und gleichzeitig die Steuern für den Kaiser einzog.

Martins Familie gehört zu diesem privilegierten Apparat, als der die Armee erscheint. Sie hat sich offenbar ganz in diesen gewaltigen Organismus eingefügt, der damals ganz Europa beherrscht, und verlebt ihre Tage friedlich in Ticinium. Ein besonderes Ereignis allerdings gibt es: Im Alter von acht Jahren verschwindet Martin einmal heimlich aus dem Elternhaus. Vierundzwanzig Stunden lang warten seine Eltern vergeblich, daß er wieder heimkommt, und voller Sorgen suchen sie ihn überall. Am dritten Tag taucht Martin wieder auf, kerngesund und ganz friedlich. Auf alle Fragen seiner Eltern und der Umgebung gibt er jedoch keine Antwort und wahrt absolutes Schweigen über diese fern dem Elternhaus verbrachten Tage. Erst viel später kommt man auf den Grund für diese Flucht. Martin hat eine Kirche betreten, vielleicht sogar die von Ticinium selbst; er ist zwei volle Tage dort geblieben, hat viele Fragen gestellt und um Antworten gebeten, ja hat sich sogar auf die Taufe vorbereiten wollen. Doch das hätte eine viel längere Einführungszeit erfordert. Schließlich sah er sich zum Heimgehen gezwungen, nicht ohne sich vorher mit dem Zeichen des Kreuzes zu bezeichnen, wie das die Christen machten.

Seine Eltern wissen davon nichts. Sie sind Anhänger der allgemein üblichen Religion und beten Jupiter, Mars, Minerva und die übrigen Götter an. Sie bringen ihnen, wie es der Brauch verlangt, zu den entsprechenden Zeiten ihre Opfer dar. Vor allem aber verehren sie den Kaiser selbst als einen Gott, beugen vor ihm, das heißt vor seiner Statue, das Knie, und an den vorgeschriebenen Tagen brennen sie davor ihren Weihrauch ab.

Bei Martin wird ein anderer Einfluß bemerkbar. Stammt dieser von einem Gefährten, einem Spiel- oder Schulkameraden? Wir wissen es nicht. Aus irgendeinem Grund verspürt er den lebhaften Wunsch, mehr über die Christen zu erfahren, von denen viele in der noch gar nicht weit zurückliegenden Verfolgungszeit hingerichtet worden waren. In der Kirche von Pavia hat er gehört, wie sie verehrt wurden. Außerdem erzählt man von den Menschen, die sich seit neuestem in Ägypten, Syrien und anderswo einer neuen Art von Martyrium verschreiben, das sie sich selbst auferlegen: der Askese. Martin ist vor Verwunderung hingerissen von diesen Menschen, die sich in die Wüste zurückziehen, ihre Zeit ganz dem Gebet widmen und sich wie ehedem der heilige Johannes der Täufer, von dem er wohl auch gehört hat, von Heuschrecken und wildem Honig ernähren.

Wenn bereits ein Zwölfjähriger vom Leben in der Wüste träumt, mag das überraschend erscheinen. Aber wir müssen uns in die Zeit des Martin zurückversetzen, ins damalige Milieu zu Pavia. Vermutlich ist er unter seinen Spiel- oder Schulkameraden einer ganzen Anzahl von Christen begegnet; die dortige Christengemeinde war zweifellos ziemlich groß. In den darauffolgenden Jahrhunderten, vor allem im siebten Jahrhundert, sollte Pavia in religiöser und kultureller Hinsicht eine bedeutende Rolle spielen. In dieser Stadt erhielt zum Beispiel Paulus Diaconus, der am Hof Karls des Großen über beträchtlichen Einfluß verfügen sollte, seine Ausbildung. Martin fühlte sich zu dieser Gemeinde hingezogen und wollte zu ihr gehören. Darauf deutet seine Flucht hin.

Ein wichtiges Thema in den Gesprächen der jungen Christen zur Zeit des Martin war natürlich die völlige Veränderung ihrer Lebensbedingungen. Noch vor wenigen Jahrzehnten hatten die Christengemeinden in Schweigen und im Verborgenen leben müssen, und ihre Helden waren ihre Brüder und Schwestern, die man gefangen genommen hatte und die ihr Leben als Martyrer beschlossen hatten. Aus der Regierungszeit des Diokletian stammten Berichte in Fülle von allen nur erdenklichen Foltern, die die Glaubenszeugen mutig ertragen hatten, sowie von tapfer erlittenen Hinrichtungen. All das, was später mit unvermeidlichen Ausmalungen in die „Legenda Aurea", das „Goldene Buch der Legenden", eingehen sollte, war damals noch ganz nahe Alltagswirklichkeit. Plötzlich aber, von einem Tag zum andern, wird die Welt für die Jünger und Jüngerinnen Christi völlig neu und erstaunlich anders: Der Kaiser höchstpersönlich gewährt ihrer gestern noch verfolgten Religion einen Schutz, der die kühnsten Hoffnungen und großartigsten Erwartungen weckt. Würde er womöglich eigenhändig das Reich Gottes auf Erden errichten? Diese Frage stellt sich von da an den Christen. Unter den Neuigkeiten, die von Mund zu Mund weitererzählt wurden, ist auch die Kunde von diesen Einsiedlern, denen bald die Bewunderung der Menge gilt. Die eremitische Bewegung ist erst in ihren Anfängen, aber schon spricht man von denen, die in Ägypten aus den Städten fortziehen, um in der Einsamkeit zu leben, erzählt sich von einem Pachomius und einem Antonius, deren Namen voller Bewunderung immer wieder unter den Christen genannt werden. Von da her erklärt sich vermutlich die Suche des Martin.

Im übrigen führt er ein solides Leben als Jugendlicher und bleibt bei seinen Eltern, die weder seine Begeisterung noch seine Sehnsüchte teilen. Eines Tages kommt für ihn jedoch eine schlimme Überraschung: 331 erläßt der Kaiser ein Edikt, das alle Söhne von Veteranen verpflichtet, der römischen Armee beizutreten. Martin ist fünfzehn, hat das Musterungsalter, ist Sohn eines Veteranen, und also muß er dem Ruf folgen.

Hier scheint zum ersten Mal das Muster auf, das sich im Leben des Martin hartnäckig wiederholen wird. Immer wieder wird er zu etwas verpflichtet, was er eigentlich gar nicht will; nie kann er selbst über seine Zukunft entscheiden. Hier fängt das an: Dieses kaiserliche Dekret macht radikal Schluß mit allen seinen Träumen von Wüste und Eremitenleben. Sulpicius Severus schreibt: „Er wurde verhaftet, in Ketten gelegt, durch militärische Eide gebunden." Das deutet darauf hin, daß er durchaus nicht freiwilllig dem kaiserlichen Dekret gehorchte. Wenn es einen Stand gab, den er sich gewiß nie gewünscht hatte, dann war es der des Soldaten. Ausgerechnet in diesen hinein wurde er jetzt gezwungen.

Seinem Vater dagegen gefiel diese Vorstellung durchaus: Dieser Veteran und frühere Militärtribun verstand überhaupt nicht, weshalb sein Sohn sich dem Leben verweigern wollte, das er selbst geführt und in dem er sich sichtlich ausgezeichnet hatte. So lieferte er ihn höchstpersönlich den Soldaten aus, die den Musterungsbescheid überbrachten. Martin fing folglich sein Soldatenleben in Ketten gefesselt und mit dem Mund voller nutzloser Worte des Protests an.

Das Römische Reich erweckt zu dieser Zeit immer noch den Eindruck, unverwundbar zu sein. Es leistet sich sogar eine großartige neue Hauptstadt, das „neue Rom", dem das Volk bald den Namen „Konstantinopel", „Stadt des Konstantin", geben wird. Sie wird binnen sechs Jahren durch den Einsatz unzähliger Sklavenarbeiter und zwangsverpflichteter Goten aus dem Boden gestampft. Dicke Mauern umgeben sie. Entlang der zwei Hauptstraßen liegen luxuriöse Wohnpaläste; es gibt Tempel, Statuen und Brunnen in Fülle; sie hat einen großen Hafen mit steinernen Kaimauern. 330 wird sie feierlich eingeweiht. Dort wird Konstantin im Jahr 337 seine Tage beschließen. Martin und seine Kameraden haben sicher davon erzählen gehört; im ganzen Reich und weit über seine Grenzen hinaus hat dieser Städtebau ungeheure Bewunderung erregt.

Das hindert jedoch nicht, daß es trotzdem eine Quelle der Beunruhigung gibt: Es sind diese „Barbaren", die schon einmal vor fünfzig Jahren, 276 und 277, ins Reich eingebrochen waren. Bis in die Umgebung von Rom waren sie gelangt, und auch in Gallien hatten sie ihr Unwesen getrieben, bis nach Autun und Burgund hinein. Die Goten, die Alemannen, die Franken beginnen wieder, gefährlich zu werden. Mehr denn je braucht das Reich eine starke Armee.

So wird also der Jugendliche, der davon geträumt hat, in der Wüste Eremit zu werden, um ein Leben des Gebets zu führen, Soldat – Soldat in der römischen Armee, die keine

Träume zuläßt, und erst recht kein Leben des Gebets. Er wird sogar an die kaiserlichen *scholae* versetzt, zu den Gardesoldaten, was vermuten läßt, daß er kerngesund, muskulös und von stattlicher Statur war. Die kaiserliche Garde besteht aus ungefähr fünfhundert großartig ausgerüsteten Reitersoldaten, deren Aufgabe darin besteht, den Schutz des Kaisers zu gewährleisten, wenn dieser sich auf einen Feldzug begibt. Martin verfügt also fortan über ein Pferd und einen Leibsklaven. Sein Vater muß stolz auf ihn gewesen sein: Die Karriere seines Sohnes im Schoß dieser römischen Armee, der er selbst sein Leben lang gedient hat, scheint gesichert zu sein. Er erfährt gewiß mit Genugtuung, daß die kaiserliche Garde zu Amiens stationiert wird, einer grenznahen Stadt in Gallien. Dort wird Martin den größten Teil seines Soldatenlebens verbringen, das im wesentlichen daraus besteht, täglich beim Klang der Trompeten zum Exerzieren anzutreten, seine Uniform und sein Pferd zu pflegen, zur Aufrechterhaltung der öffentlichen Ordnung auf Patrouille zu gehen und von Zeit zu Zeit irgendeine hochgestellte Persönlichkeit zu eskortieren.

Vielleicht war der Vater nicht begeistert von dem einen oder anderen, was die Leute über seinen Sohn erzählten, auch von gelegentlichen Spötteleien über ihn. Da erzählte man sich zum Beispiel unter seinen Gardekameraden, Martin pflege mit seinem Sklaven zusammen einen höchst merkwürdigen Lebensstil. Statt sich bedienen zu lassen, nehme er mit diesem zusammen die Mahlzeiten ein und trage dabei sogar selbst auf! Ja noch mehr: Er gehe sogar so weit, daß er sich nicht zu gut sei, gelegentlich eigenhändig die Sandalen seines Sklaven zu reinigen! Das ist natürlich Nahrung für Hänseleien und Scherze, um so mehr, als Martin mit seinem Verhalten auch sonst aus dem Rahmen fällt. Weder versucht er, den Frauen zu imponieren, noch feiert er je an den Festtagen ganze Nächte bei den Orgien seiner Kameraden mit. Da er ansonsten aber ein untadeliger, stets zuvorkommender und hilfsbereiter Kamerad ist, begnügt man sich damit, sein seltsames Benehmen zu belächeln, ohne ihm daraus einen besonderen Vorwurf zu machen.

Zu Beginn dieses vierten Jahrhunderts ist die Sklaverei noch völlig selbstverständlich. Sie bildete die Grundlage der antiken Gesellschaften, welche ohne jeden Skrupel die Klasse der freien Menschen vorsahen, die auf dem Forum verkehrten, an den politischen Diskussionen und gelegentlich auch an den literarischen Versammlungen teilnahmen und es für ganz natürlich hielten, daß sie die ganze materielle Arbeit auf die Schultern des anderen Teils der Gesellschaft, derjenigen der Sklaven, luden. Bei diesen Sklaven handelte sich im allgemeinen um Kriegsgefangene und zuweilen auch um Kinder von Sklaven; letztere waren allerdings selten, da Sklaven kein Recht auf Heirat und Familie besaßen. Tatsächlich hatten sie auf nichts, was den Menschen als Menschen auszeichnet, ein Recht. In der Antike war der Sklave ein Gegenstand, den man kaufen und verkaufen konnte und dem alle Rechte des Menschen vorenthalten waren. Es genügt, hier auf die Autorität des Aristoteles zu verweisen, der in aller Gleichmut behauptet, „die Nützlichkeit von Haustieren und von Sklaven ist ungefähr dieselbe". Es ist offensichtlich, daß das Evangelium und das Sklaventum unverträglich waren. Paulus hat die Gegenposition klar beschrieben: „Es gibt fortan weder Juden noch Griechen, es gibt auch nicht mehr Sklaven und Freie und nicht mehr Männer und Frauen, denn ihr alle seid eins in Christus." In einem der Briefe des Paulus, dem an Philemon, wird genau gesagt, welche Haltung man gegenüber diesem so tief in den Sitten eingewurzelten Prinzip der Sklavenhaltung einnehmen sollte. Paulus schickt seinem Briefpartner dessen Sklaven Onesimus zurück, und er bittet ihn, daß er ihn wieder aufnehme, „aber nicht mehr als Sklaven, sondern als etwas viel besseres als einen Sklaven, nämlich als sehr lieben Bruder".

Martin tat das tatsächlich: Er behandelte seinen eigenen

Sklaven als Bruder, und das läßt vermuten, daß er während seiner Kindheit zu Pavia wohl einer Anzahl Christen begegnet war, von denen er diesbezüglich etwas gelernt hatte. Übrigens geschieht es zu seiner Zeit, im Gefolge der der Kirche gewährten Freiheit, daß die ersten Maßnahmen gegen die Sklaverei erfolgen. „Für die Kirche gibt es keinen Unterschied zwischen Freien und Sklaven", wird der Bischof Johannes Chrysostomos von Konstantinopel in der zweiten Hälfte des vierten Jahrhunderts sagen. Im übrigen kursierten unter den Christen voller Bewunderung Berichte über das mutige Glaubenszeugnis von Sklavinnen und Sklaven in der Verfolgungszeit, etwa der heiligen Blandina oder Felicitas. Als erster hatte noch zur Zeit des Martin Kaiser Konstantin dem Los der Sklaven einige Erleichterungen verschafft, unter anderem durch das Verbot, bestehende Familien auseinanderzureißen. Schon seit Anfang des Jahrhunderts hatten die Konzilien, darunter 305 das von Elvira, allen Sklavenhaltern, die einen ihrer Sklaven töteten, sieben Jahre der Buße auferlegt. In der Folge äußerten sich die Konzilien immer häufiger dahingehend, die Rechte der Freigelassenen zu stärken oder entlaufenen Sklaven das Asylrecht in den Kirchen zu garantieren. Mit anderen Worten heißt das: Für die Gesellschaft als ganze waren die Christen im vierten Jahrhundert eine lästige Instanz. Sie stellten die nur allzu bequeme Gewohnheit in Frage, bei allen schweren oder unangenehmen Lebensverrichtungen auf die Sklaven zurückzugreifen, und das – was noch schlimmer ist – ohne sie zu entlohnen.

Wenn Martin mit seinem Sklaven also wie mit einem Bruder von gleich zu gleich zusammenlebt, kündigt das den Anbruch einer neuen Zeit an, einen totalen Bruch mit der antiken Gesellschaftsform. „Er vertauschte die Rollen; er als sein Meister diente ihm, und zwar so sehr, daß im allgemeinen er ihm die Stiefel auszog und er diese reinigte, daß sie ihre Mahlzeiten gemeinsam einnahmen und daß meistens er bei Tisch auftrug …" Martin ist zwar Soldat, wie es sein Vater gewünscht und das Gesetz entschieden hat, aber er ist keineswegs ein Soldat wie alle anderen. Von da her läßt sich die symbolische Tat, die ihn in unvergeßliche Erinnerung bringen sollte, besser verstehen.

Es geschah in Amiens an einem der Stadttore im Jahr 335, während eines extrem strengen Winters. „Viele Menschen fielen der grausamen Kälte zum Opfer." Am Tor steht ein Armer, halbnackt, vor Kälte zitternd, und bittet um ein Almosen. Niemand beachtet ihn. Was Martin angeht, so kann er ihm nichts geben; unter seiner schönen Uniform als kaiserlicher Gardesoldat hat er kein Geld bei sich. Was tun? Weitergehen wie alle andern? Martin greift nach seinem Schwert, „schneidet seinen Soldatenmantel in zwei Teile, gibt eine Hälfte dem Armen und wirft sich die andere wieder um". Sein Biograph fügt hinzu, daß die Umstehenden über dieses Schauspiel lachten und „fanden, er komme jämmerlich daher mit seinem zerschnittenen Mantel". Der weiße Soldatenmantel gehörte zur Uniform der für den Kaiser bestimmten Elitegarde, und ihre Mitglieder wurden *candidati* genannt, was wörtlich „die Weißgekleideten" heißt. Es handelte sich um einen geschlitzten Mantel, der mit einer Fibel auf der Schulter befestigt war; der obere Teil war mit Schaffell gefüttert. Vielleicht hat Martin diesen gefütterten Teil abgetrennt, um ihn dem Armen zu geben. Gewiß hat er nicht ahnen können, welche Tragweite diese Geste im Lauf der Jahrhunderte bekommen sollte. Sie ist bis heute auf zahllosen Fresken, Gemälden, Skulpturen und Handschriften-Miniaturen dargestellt worden. Im Verlauf der ganzen weiteren Kirchengeschichte blieb Martin in dieser Szene lebendig: wie er seinen Mantel teilt, um die Hälfte dem Armen zu geben.

Wie die Geschichte weiterging, ist allgemein bekannt. „In der folgenden Nacht, als Martin im Schlaf versunken war, sah er Christus, mit dem halben Soldatenmantel bekleidet, mit dem er den Armen bedeckt hatte." Er wird aufgefordert, Christus ganz aufmerksam anzuschauen und das Kleidungsstück wiederzuerkennen, das er hergegeben hat. Dann hört er Jesus mit lauter Stimme zu der sie umringenden Engelschar sagen: „Martin, der noch Katechumene ist, hat mich mit diesem Mantel bekleidet."

Diese Vision gibt gewissermaßen der Tat Martins ihre besondere Weihe und zeigt eindeutig an, wohin seine Entwicklung gegangen war. Noch ist er nicht getauft, aber er kennt das Evangelium; sein Gespür für das Teilen, das ihn beseelt, läßt erkennen, daß er sich innerlich von Jugend an die Lebensregel des Evangeliums angeeignet hat: die Nackten bekleiden. Und die Vision offenbart ihm, was auch das Evangelium ausdrücklich sagt: „Was ihr dem geringsten meiner Brüder getan habt, das habt ihr mir getan." Daß er sich von Kindheit an zum Evangelium hingezogen gefühlt hatte, war nicht bloße Schwärmerei gewesen; er hat das Wesentliche in sich aufgenommen, und das, obwohl er erst Katechumene ist. Zweifellos wird eine derartige Vision den Termin der Taufe beschleunigt haben.

Die Historiker sind sich nicht ganz im klaren über das Datum, an dem er die Taufe empfangen hat. Für unsere Darstellung halten wir uns an die von Jacques Fontaine aufgestellte Chronologie, der die Biographie des heiligen Martin von Sulpicius Severus äußerst gründlich analysiert hat. Er vermutet, sowohl die Liebestat als auch die Taufe Martins hätten im Jahr 335 stattgefunden. Martin wäre dann damals achtzehn Jahre alt gewesen.

Übrigens fangen von da an die Schwierigkeiten mit der Chronologie des Lebens von Martin erst richtig an. Der Biograph erzählt, Martin habe unverzüglich den Armeedienst quittieren wollen, sei aber auf die Bitten eines seiner Freunde, eines Militärtribunen, noch geblieben; dieser habe ebenfalls nach Ablauf seiner Dienstzeit sich ganz Gott weihen wollen. „So wurde Martin durch diese Wartezeit von seiner Taufe an noch ungefähr zwei Jahre zurückgehalten; er diente weiterhin in der Armee, aber nur noch dem Namen nach." Hier nun liegt die entscheidende Frage, mit der sich die Historiker auseinandergesetzt haben: Müssen wir annehmen, Martin habe seinen Militärdienst zwei Jahre nach seiner Taufe verlassen, oder hat er seine Dienstzeit wie jeder normale Soldat auch ganz abgeleistet? Die zwei Jahre, die ihm Sulpicius Severus zuschreibt, reichen bei weitem nicht, um bis zu dem Zeitpunkt zu gelangen, an dem er den Dienst quittieren wird, nämlich bis zu seiner Begegnung mit dem Kaiser Julian (der in die Geschichte eingegangen ist als „Julian Apostata", d. h. „der Abtrünnige") und seinem Ausscheiden aus Protest. Jacques Fontaine vermutet, Martins Biograph habe Schwierigkeiten gehabt, sich einen Martin vorzustellen, der so lang in der Armee gedient hätte, denn wenn die Szene mit Kaiser Julian historisch wäre, hätte Martin erst 356 seinen Dienst aufgeben können.

Hier taucht die Frage auf, die sich grundsätzlich dem Gewissen der Christen gestellt hat – und die auch heute noch Menschen in ganz unterschiedlichen Kreisen umtreibt –, die Frage nach dem Verhältnis des Christen zum Krieg. Der Militärdienst beinhaltet zweifellos grundsätzlich auch die Bereitschaft zum Blutvergießen. Er widerspricht damit nicht nur den Geboten des Alten Testaments: „Du sollst nicht töten", sondern mehr noch denen des Evangeliums über die Nächstenliebe. Im Evangelium wird von einigen Soldaten berichtet, allen voran von jenem Hauptmann, dessen Glauben Jesus erstaunlich findet: Noch heute wird in jeder Messe vor der Kommunion dessen Ausspruch wiederholt: „Ich bin nicht würdig, daß du eingehst unter mein Dach, aber sprich nur ein Wort, so wird mein Knecht gesund." Angesichts dieser Glaubensbekundung äußert Jesus keinerlei Aufforderung, der Mann solle seinen Stand verlassen, erst dann werde er seinen Wunsch erfüllen und den Kranken heilen. Jesus hat sich auf diesem Gebiet, halten wir das fest, wesentlich weniger fordernd verhalten als manche leidenschaftlichen Wehrdienstverweigerer aus Gewissensgründen.

Aber grundsätzlich bleibt diese Frage ein gewaltiges Problem; sie hat in der Frühzeit der Kirche zu zahlreichen Berufungen zum Martyrium geführt. Im Jahr 314, zur Zeit Martins selbst, hat das Konzil von Arles ausdrücklich erklärt, die Christen müßten nach ihrer Taufe nicht den Militärdienst verweigern. Hier ist auch die Bemerkung am Platz, daß in der Christenheit zwar nie das Prinzip eines „heiligen Krieges" entwickelt worden ist – im Unterschied zur islamischen Welt, die in dem von Mohammed gutgeheißenen *djihad* ein Mittel der Glaubensverbreitung sieht –, wohl aber, daß die Kirche durchaus, nicht ohne Schwierigkeiten und Zögern, die Möglichkeit, ja Notwendigkeit eines „gerechten Krieges" eingeräumt hat. Im Lauf der Zeit ist von den christlichen Theologen dieser Begriff präzisiert worden; Prinzipien dafür sind zum Beispiel dasjenige der legitimen Selbstverteidigung und der Grundsatz, daß es sich um einen Befreiungskrieg handeln muß.

Doch bleibt für Martin wie für Sulpicius Severus bestehen, daß sich ein Getaufter nicht ohne Widerstand auf das Kämpfen einlassen und „von Berufs wegen" Blut vergießen kann. Die Begebenheit, anläßlich derer Martin die Armee verläßt, zeigt das recht deutlich. Zahlreiche Martyrergeschichten dieser Zeit handeln von christlichen Soldaten, die sich gegen einen gottlosen Kaiser auflehnten und lieber die Hinrichtung in Kauf nahmen, als weiterhin ihren Dienst zu versehen. Das gilt zum Beispiel für die heiligen Victor, Nabor und Felix. Sogar zu Lebzeiten Martins wurden zwei Offiziere der kaiserlichen Garde, Juventin und Maximin, von Julian Apostata zum Tod verurteilt. Der Kaiser hatte ihnen befohlen, ihm Weihrauch darzubringen, was bedeutete, ihm göttlichen Rang zuzusprechen, und sie hatten sich geweigert.

Die äußerst sorgfältigen Untersuchungen von Jacques Fontaine lassen vermuten, Martin habe seine gesamte Militärzeit, wie sie vorgeschrieben war, abgedient; das wären fünfundzwanzig Jahre gewesen. Man darf annehmen, daß er während dieser Zeit nicht in die Zwangslage kam, Blut vergießen zu müssen. Als Angehöriger der kaiserlichen Garde gehörte er zu den nicht kämpfenden Truppen, deren Aufgabe darin bestand, „die öffentliche Ordnung zu gewährleisten, die kaiserliche Post zu schützen, Gefangene zu verlegen und die Sicherheit hochgestellter Persönlichkeiten zu garantieren". In dieser Rolle als Mitglied der kaiserlichen mobilen Garde hätte Martin genau wie viele andere Christen vor ihm die Möglichkeit gefunden, „den Ansprüchen ihres Glaubens zu genügen und auch voll ihre weltlichen Pflichten zu erfüllen"[1].

Wie es sich auch verhalten haben mag, es spielten sich in dieser Zeit dramatische Ereignisse ab. Ab dem Jahr 352 bedrohten die Barbaren bereits wieder die nördlichen Grenzen des Reiches. Sie eroberten verschiedene Orte, so Broutages, das heutige Brumath, und bedrohten Mainz sowie Worms, die Stadt der Vangionen. Kaiser Julian begab sich unverzüglich in das Gebiet des heutigen Elsaß und überschritt dort den Rhein. Seine kaiserliche Garde stieß auf dem Gebiet der Vangionen zu ihm, bei der vom Feind belagerten Stadt Worms. Julian rief die Mitglieder der Garde zu sich, um eine Gratifikation an sie auszuteilen. Das war ein fester Brauch am Vorabend jeder größeren Schlacht. Man nannte dies das *donativum* – eine Art Zulage, die die Soldaten zum Kampf motivieren sollte. Der Brauch war damals schon alt, wie die Darstellung der Austeilung eines *donativum* im 2. Jahrhundert auf der Trajanssäule in Rom bezeugt. Jetzt aber war dies der Anlaß für Martin, sich direkt dem Kaiser entgegenzustellen.

Lassen wir Sulpicius Severus das Wort: „Jedoch fielen die Barbaren in Gallien ein, und der Kaiser Julian, der seine Armee in der Nähe der Stadt der Vangionen zusammengezogen hatte, kam seiner Pflicht nach, den Soldaten ein *do-*

[1] Jacques Fontaine, *Vie de saint Martin* Bd. II, Collection *Sources Chrétiennes* No. 133, Paris 1967, 506

nativum auszuteilen. Dem Brauch gemäß wurde einer um den anderen aufgerufen, bis schließlich die Reihe an Martin kam. Dieser glaubte, jetzt sei der Augenblick gekommen, um seine Entlassung zu bitten, denn er hielt dafür, daß er sich seiner Freiheit begebe, wenn er sich durch das Annehmen des *donativum* für den weiteren Dienst verpflichte. So sagte er zum Kaiser: ‚Bis heute habe ich in deinem Dienst gestanden, doch erlaube mir jetzt, in den Dienst Gottes zu treten. Wer in die Schlacht gehen will, der möge dein *donativum* annehmen. Ich jedoch bin ein Soldat Christi und habe nicht das Recht zu kämpfen.' Doch auf diese Worte hin wurde der Tyrann unwillig und sagte, Martin kündige den Dienst nur aus Angst vor der Schlacht, die morgen stattfinden werde, nicht aus religiösen Gründen. Aber Martin entgegnete furchtlos, ja noch fester, da man ihn einzuschüchtern versuchte: ‚Wenn man unterstellt, ich äußerte meine Bitte aus Feigheit und nicht aus Glauben, dann werde ich mich morgen ohne Waffen zwischen die feindlichen Linien stellen. Im Namen des Herrn Jesus werde ich ohne Schild und Helm, unter dem Schutz des Kreuzzeichens, ganz sicher die feindlichen Reihen durchbrechen.'"

Nach diesem dramatischen Auftritt nimmt ihn der Kaiser beim Wort; er befiehlt, Martin bis zum nächsten Morgen ins Gefängnis zu werfen. Man darf annehmen, daß er die Nacht im Gebet verbringt. Aber siehe da, am nächsten Morgen schicken die eingedrungenen Germanen Unterhändler. „Sie baten um Frieden, und schließlich zogen sie sich mit Waffen und Troß zurück." So hat auf diese Weise das einzige „geharnischte Auftreten" Martins mit einem Sieg geendet!

Nach diesem unerwarteten Ausgang quittiert Martin tatsächlich den Militärdienst. Es wird nicht der einzige Anlaß in seinem Leben sein, da für ihn das Zeichen des Kreuzes zum Siegeszeichen wird.

II
Martin und Hilarius von Poitiers

Im Jahr 356 ist Martin endlich von seinen soldatischen Pflichten frei und kann das Leben anfangen, zu dem er sich hingezogen fühlt. Zweifellos wird er sich schleunigst jenem Eremitendasein zuwenden, nach dem er sich von Jugend an gesehnt hat. Wird er nach Ägypten reisen? Oder nach Syrien? Dort leben die Mönche, von denen man sich seit kurzem überall erzählt, zum Beipiel von diesem Antonius, einem Meister des spirituellen Lebens, der genau in diesem Jahr 356 stirbt und dessen Lebensbeschreibung der Bischof Athanasius verfassen wird. Oder von diesem Pachomius, der die Jugend in Scharen anzieht; er führt sie in das Bibellesen ein. Martin wird wohl voller Ungeduld auf jenen Tag gewartet haben, an dem er ganz selbständig sein weiteres Geschick bestimmen kann, und zwar in der Weise, wie er es schon immer angestrebt hat.

Es ist möglich, daß er zunächst nach Trier ging, wo die Christengemeinde äußerst rührig war. Zweifellos war es dort, wo er von jemandem reden hörte, der eine entscheidende Rolle in seinem Leben spielen wird: von Hilarius von Poitiers. Trier ist zu der Zeit noch eine Hauptstadt. Diese Stadt an den Ufern der Mosel, die für sich die Ehre beanspruchen kann, die älteste Stadt Deutschlands zu sein, war seit dem Ende des 2. Jahrhunderts eine Hauptresidenz der Kaiser. Konstantin hatte dort zusammen mit seiner Mutter Helena gewohnt; er hat neue Befestigungen bauen lassen, von denen die berühmte *Porta Nigra* noch heute steht. Die Stadt wird bis zum Ende des 4. Jahrhunderts kaiserliche Residenzstadt bleiben. Im übrigen ist sie ein Verkehrsknotenpunkt, und ihr Flußhafen spielt in der Handelsschiffahrt eine bedeutende Rolle. Es ist wahrscheinlich, daß Martin sich dort sogar schon während seines Soldatenlebens wiederholt aufgehalten hat, um so mehr, als der Bischof von Trier, Maximin, im Ruf der Heiligkeit steht. Dies bestätigt sich kurz nach seinem Tod. Viel später, zur Zeit Karls des Großen, wird man über Maximins Grab eine große Benediktinerabtei errichten, die bedeutendste des Erzbistums. Sie wurde von den Truppen Ludwigs XIV. im 17. Jahrhundert vollständig zerstört; aber unter den Neubauten hat man in jüngster Zeit bei Grabungen die Ausmaße der großen Kirche ermitteln können, die zur Zeit des heiligen Martin im 4. Jahrhundert an der Stelle des Maximin-Grabs errichtet worden ist.

Achthundert Jahre später wurde die Nonne und Mystikerin Hildegard von Bingen, die uns viele kostbare Werke hinterlassen hat, welche heute neu entdeckt werden, als Predigerin in die Kathedrale von Trier eingeladen; bestimmt hat sie auch die Basilika von Sankt Maximin und das Grab des Heiligen besucht. Sie hat über ihn sogar eine Sequenz komponiert, die uns überliefert ist; es handelt sich um eines ihrer schönsten musikalischen Werke, und es fängt an mit dem Worten *Columba aspexit:* „Die Taube schaute durch die Ritzen der Läden und spürte den betörenden Duft des Balsams von Maximin ..."

Es ist möglich, sogar wahrscheinlich, daß Martin den heiligen Bischof Maximin von Trier persönlich gekannt hat. Das würde die Ereignisse erklären, die sich in der Folge in seinem Leben abspielen, denn wir finden ihn in Poitiers, also mitten in Gallien, wieder; aus Poitiers aber stammte der heilige Maximin, und sein Bruder Maxentius war der Bischof dieser Stadt. Maximin starb auf der Reise zu einem Besuch bei seinem Bruder in Poitiers entweder 347 oder 349 (das Datum läßt sich nicht ganz sicher bestimmen).

Auch Martin finden wir also schließlich in Poitiers, wohin ihn der Ruf des Hilarius, des Nachfolgers von Maxentius auf dem Bischofsstuhl, gezogen hat. Wen es wundern sollte, daß Martin zwischen zwei so weit voneinander entfernten Städten hin und her reist, der sollte sich vor Augen halten, daß beide damals Zentren des spirituellen Lebens sind, und zudem, noch konkreter, wichtige Verkehrsknotenpunkte, zu denen die von den römischen Legionen angelegten Fernstraßen hinführen.

Der Mann, der als der heilige Hilarius von Poitiers bekannt ist, wurde in dieser Stadt ungefähr um das Jahr 300 geboren; das genaue Datum kennen wir nicht. Er hatte gründliche Studien betrieben, vor allem in Bordeaux, das damals, wie bereits erwähnt, eine Hochburg des intellektuellen Lebens war. Im ersten Buch seines Traktats mit dem Titel *De Trinitate* hat er selbst erzählt, wie seine Konversion dadurch ausgelöst wurde, daß er den Anfang des Johannesevangeliums las. Die Lehren der heidnischen Philosophen über den Sinn des menschlichen Lebens hatten ihn nicht befriedigt, aber die Aussage vom „Wort, dem wahren Licht, das jeden Menschen erleuchtet" und jedem Menschen „die Macht gegeben hat, Kind Gottes zu werden", hatte ihn buchstäblich umgeworfen. Er hatte sich daraufhin mit Feuereifer an das Studium des Wortes Gottes begeben und schließlich die Taufe empfangen. Zwar war er verheiratet (er hatte eine Tochter namens Abra), aber er wurde zur Priesterweihe zugelassen, und es dauerte nicht lange, bis er zum Bischof ernannt wurde. Damals kam es häufig vor, daß Verheiratete die Priester- und Bischofsweihe empfingen; wir haben schon gesehen, daß es auch im Fall des Paulinus von Nola so war. Von da an hielten sich die Geweihten an den Rat des Paulus: „Wer verheiratet ist, lebe so, als sei er nicht verheiratet." So findet man Bischöfe, die für ihre Frauen – nach einer Beschreibung des heiligen Hieronymus – „keine Gatten mehr waren". Erst Ende des 4. Jahrhunderts wird Papst Siricius (384–399) allen Klerikern den Zölibat zur Pflicht machen. Doch mußte diese Bestimmung immer wieder neu bekräftigt werden, bis sie das Laterankonzil von 1123 der ganzen Kirche des Abendlandes auferlegte.

Hilarius stand schon in sehr hohem Ansehen sowohl als Mann Gottes als auch als Mann der Kirche, als er zum Nachfolger des Maxentius auf den Bischofsstuhl zu Poitiers berufen wurde. Zweifellos war es unter anderem dieses Ansehen, das Martin, als sich ihm die Möglichkeit eines neuen Lebens eröffnete, nach Poitiers zog. Er spürte, daß er für seine Berufung zum Asketen und Einsiedler einen Führer brauchte, nachdem er so viele Jahre im aktiven Soldatenleben, in dem das Leben in der Einsamkeit ganz ausgeschlossen gewesen war, verbracht hatte.

Hilarius nahm ihn mit Freuden auf und bot ihm sogar unverzüglich an, ihn zum Diakon zu weihen. Martin lehnte das aber ab. Er fühlte sich weder dieser Ehre würdig noch dieser Verantwortung gewachsen. Hilarius konnte ihn lediglich dazu überreden, Exorzist zu werden. Das war ein sehr niedriger Rang, der in der Stufenfolge der Weihegrade, die den Kandidaten unter Umständen bis zum Priestertum führten, ungefähr derjenigen des Pförtners gleichkam.

War das der erste Schritt in Richtung auf jenes neue Leben, nach dem er sich so sehr gesehnt hatte? Er meinte es wohl. Aber wieder einmal fügte das Schicksal etwas anderes für ihn. Bevor er sich endgültig einem Leben in Schweigen und Gebet weihen wollte, hielt Martin es für seine Pflicht, seine Eltern aufzusuchen und sich von ihnen zu verabschieden. Zweifellos hatte er im Verlauf der vergangen Jahre ab und zu etwas von ihnen gehört; er wußte, daß beide wieder in die Stadt Sabaria im heimatlichen Pannonien zurückgekehrt waren. Sulpicius Severus sagt ausdrücklich, er habe sich auf einen Traum hin zu dieser Reise entschlossen – was durchaus nicht unmöglich ist. Ob nun auf Grund eines Traums oder aus bloßer Überlegung heraus, jedenfalls schien ihm dieser Schritt angebracht, bevor er sich anschickte, der Welt Lebewohl zu sagen. Als er Hilarius dieses Vorhaben mitteilte, ermutigte ihn dieser von Herzen dazu und nahm ihm die Versicherung ab, er werde zurückkehren.

Eine solche Reise ließ sich nicht ohne etliche Schwierigkeiten unternehmen. Diese fingen damit an, daß Martin die Alpen überqueren mußte, vielleicht über den heutigen Kleinen Sankt Bernhard- oder den Simplon-Paß. „Er kam vom Weg ab", schreibt Sulpicius Severus, „und fiel unter Räuber. Der eine von ihnen hatte bereits sein Beil erhoben und ausgeholt, ihm einen Schlag zu versetzen, als ihm ein anderer den Arm zurückhielt, der ihn gerade treffen wollte." Martin wurde gefesselt und abseits geführt, und einer der Räuber wollte ihn ausfragen, um zu erfahren, ob er auf seinem Weg irgendwelche Fuhrwerke gesehen habe, zum Beispiel einen Händler, der für sie eine lohnende Beute gewesen wäre. An ihm selbst konnten sie kaum besonders interessiert sein. Er trug nicht mehr seine schmucke kaiserliche Gardeuniform, sondern einen abgetragenen Rock und spärliches Gepäck. Der Räuber fragte ihn zunächst, wer er sei, worauf Martin zur Antwort gab, er sei ein Christ. „Hast du keine Angst?" Martin erklärte ihm daraufhin mit unvergleichlicher Festigkeit, noch nie habe er sich so sicher gefühlt wie im Augenblick, denn er wisse, daß das Erbarmen Gottes ihm gerade dann ganz nahe sei, wenn er in Schwierigkeiten gerate.

Dieses Verhör des einsamen Wanderers hatte also für den Räuber eine merkwürdige Wendung genommen. In diesem Abschnitt berichtet Sulpicius übrigens einigermaßen wahrscheinlich die Erinnerungen an diese Begebenheit, wie sie Martin selbst erzählt hat. Martin sprach dem Räuber schließlich sein Beileid über sein armseliges Dasein aus und erläuterte ihm, mit seinem jämmerlichen Metier sei er nicht einmal der Barmherzigkeit Christi würdig; der Räuber bat ihn daraufhin, ihm das näher zu erklären, was Martin auch unverzüglich tat. Schließlich ließ ihn der Räuber frei und bat, für ihn zu Gott zu beten. Sulpicius Severus versichert, in der Folge habe sich der Räuber bekehrt, ein vorbildliches Leben geführt und selbst immer wieder die Geschichte seiner Begegnung mit Martin erzählt.

Als Martin schließlich in die Ebenen Italiens unweit von Mailand gelangte, hatte er eine weitere Begegnung, und diese sollte sein ganzes Dasein prägen. Ein Mann stellte sich ihm in den Weg und fragte ihn: „Wohin gehst du?" Martin gab zur Antwort: „Wohin Gott mich ruft." Daraufhin bedrohte ihn der andere und schrie ihn an: „Wohin du auch gehst und was du auch versuchst, der Teufel ist immer vor dir da!" Martin blieb unerschrocken, und spontan kam ihm das Psalmwort auf die Lippen: „Der Herr ist bei mir, ich fürchte mich nicht. Was können Menschen mir antun?" (Psalm 118, 6). Auf der Stelle verschwand die Gestalt, die ihm den Weg versperrt hatte.

Martin weiß, daß er es mit dem Teufel zu tun hatte. Heute glauben viele Menschen nicht mehr an die Existenz des Teufels, doch zu seiner Zeit hatte man keine Schwierigkeit, die Bibel in diesem Punkt beim Wort zu nehmen: Dort steht, daß es Kräfte der Tiefe gibt, die darauf aus sind, das Geschöpf von seinem Schöpfer zu trennen. *Dia-bolos* bedeutet „der, der trennt", und es ist nicht uninteressant, diesem Ausdruck sein Gegenteil gegenüberzustellen, nämlich *sym-bolon*, das Symbol, welches zwei unterschiedliche Dinge miteinander in Verbindung bringt. In Jahrhunderten des Glaubens hat man sich immer wieder mit der Frage beschäftigt, ob es ein negatives Wesen mit einer gleichermaßen negativen Existenz gebe, das versuche, den Menschen von seinem Schöpfer zu trennen; diese Frage ist bis heute offen. Heutzutage wissen wir, daß es eine Krankheit, nämlich den Krebs, gibt, die sich wie eine Art negatives Leben äußert: ein Leben, das gegen das Leben arbeitet. Diese Krankheit könnte als sehr plastisches Bild für das dienen, was es auch auf spirituellem Gebiet gibt.

Es werden sich noch weitere Gelegenheiten ergeben, bei

denen Martin mit seinem inneren Feind, den er den Teufel nennt, die Kräfte messen muß. Vorerst jedoch setzte er seinen Weg über Berge und durch Täler fort bis zur Stadt Sabaria, die er wohl kaum wiedererkannt haben mag. Doch fand er im elterlichen Haus herzliche Aufnahme. Über den Wunsch hinaus, Vater und Mutter wiederzusehen, wie ihn jeder junge Mann haben mag, wollte Martin sie auch zu dem Glauben hinführen, der von da an, und eigentlich schon lange, der seine war. Aber das konnte sein Vater nicht ertragen.

Geben wir es ruhig zu, er hatte gute Gründe dafür. Wären sich die Leute, die sich rühmten, den wahren Glauben gefunden zu haben, untereinander über ihn einig gewesen, hätte Martins Vater ihnen vielleicht eher glauben können. Aber vorerst bieten sie ein wenig überzeugendes Schauspiel: Sie zerreißen sich gegenseitig, sind ständig im Streit miteinander, diskutieren endlos über Fragen, die zwischen ihnen strittig sind und säen überall Spaltung und Zwietracht.

Das ist eine traurige Wahrheit, und Martin bekam sie grausam zu spüren. In diesem 4. Jahrhundert hatte man miterlebt, wie die Kirche aus ihrem Leben im Untergrund aufgetaucht war, und man hatte auf ein Römisches Reich gehofft, das christlich würde. Das schien um so leichter möglich zu sein, als man es gewohnt war, daß der Kaiser, dem auf allen Gebieten die höchste Autorität zustand, seinen Untertanen auch vorgab, woran sie glauben sollten. Der Kirche hätte das eigentlich die großartigsten Perspektiven eröffnen können: Die Religion des Kaisers würde zur Religion des Reiches werden. Kündigte sich damit nicht das Kommen des neuen Zeitalters an, des Zeitalters der glorreichen Wiederkunft Christi, dem die römischen Legionen gewissermaßen den Weg bereitet hätten?

Aber siehe da, mitten in diesem 4. Jahrhundert bekam die Kirche einen tiefen Riß. Gewiß, es hatte schon immer Irrlehren gegeben; schon der heilige Paulus hatte vor denen gewarnt, die ein anderes Evangelium verkündigten als er selbst. Aber die Aufgabe der Kirche und des Nachfolgers Petri bestand ja gerade darin, die Irrenden auf den richtigen Weg zurückzuführen und unermüdlich den wahren Glauben an Gott Vater, Sohn und Heiligen Geist zu verkünden. Doch mit einem Mal wurde dieser Kern des Glaubens selbst in Frage gestellt. Seit ungefähr 323 widersetzte sich ein Priester in Alexandrien namens Arius hartnäckig seinem Bischof Alexander. Ihm ging es vor allem darum, in der theologischen Lehre die Wesenseigentümlichkeit von Gott Vater deutlich zu wahren, und er vertrat energisch, nur Gott Vater sei wirklich ewig, wirklich ungezeugt und der einzige Grund alles anderen Daseins. Das Wort, der Logos, das heißt Christus, habe von ihm sein Leben und Dasein empfangen; der Vater habe ihn als vollkommenes göttliches Geschöpf erschaffen, und das vor aller Zeit. Aber einzig der Vater sei wahrer Gott gewesen.

Darüber war schon gründlich diskutiert worden, nicht nur in Alexandrien, sondern auch in der ägyptischen Kirche. Alexander hatte unverzüglich ein Konzil einberufen, das aus rund hundert Bischöfen bestand. Sie alle waren aus Ägypten oder Lybien gekommen und hatten das Anathem über den Irrtum des Arius verhängt und ihn und seine Anhänger exkommuniziert. Diese machten im übrigen nur eine kleine Gruppe aus: fünf Priester, sechs Diakone und zwei Bischöfe.

Aber Arius hatte diese Verurteilung nicht akzeptiert. Er hatte an verschiedene Bischöfe appelliert, vor allem in Palästina. Zu diesen Bischöfen gehörte ein hochgebildeter Mann, nämlich Eusebius von Cäsarea, sowie ein weiterer Eusebius aus Nikomedia; dieser hatte großen Einfluß auf den Kaiser. Diese Männer beriefen Synoden in Palästina und in der Provinz Bithynien ein, welche den auf dem Konzil zu Alexandria gefaßten Beschlüssen widersprachen, das gegen Arius verhängte Anathem aufhoben und diesen rehabilitierten. Zweifellos führte das im ganzen kirchlichen

Lager zu großer Verwirrung und, was noch schlimmer war, sogar weit darüber hinaus. Diese Bischöfe, die sich gegenseitig das Anathem zuschleuderten, entsprachen nicht dem Empfinden des Kaisers. So beschloß er, ein allgemeines Konzil einzuberufen, jenes, das wir heute als das erste ökumenische Konzil bezeichnen.

Es war das erste der Geschichte. Auf Befehl und mit Unterstützung von Kaiser Konstantin, der ihnen zur Erleichterung ihrer Anreise sogar die kaiserliche Post zur Verfügung stellte, versammelten sich am 20. Mai 325 dreihundert Bischöfe zu Nikaia. Dieses Konzil sollte ein „Symbolum" formulieren, eine Art Kurzformel des Glaubens, in der die drei Personen der Dreifaltigkeit klar und deutlich aufgezählt werden: der Sohn ist „Gott von Gott, Licht vom Licht, wahrer Gott vom wahren Gott, gezeugt, nicht geschaffen, eines Wesens mit dem Vater". So war die Glaubenslehre klar formuliert. Von den anwesenden Bischöfen waren nur zwei gegen diese neue Definition.

Der Kaiser war zufrieden; aber kaum war das Konzil zu Ende, da flackerten die Diskussionen nur um so leidenschaftlicher wieder auf. In der Folge war zu erleben, was sich im Lauf der Geschichte noch oft wiederholen sollte: daß sich die weltliche Macht in rein religiöse Fragestellungen einmischte, alles nur desto schlimmer vergiftete und schließlich das Leben der Kirche selbst in Mitleidenschaft zog.

Nur drei Jahre nach Nikaia machte sich Kaiser Konstantin eine neue Auffassung zu eigen, vermutlich unter dem Einfluß seiner Halbschwester Konstantia, die der Lehre des Arius anhing. Diesen ließ man aus dem Exil zurückkehren, er wurde rehabilitiert, und seine Lehre breitete sich weiter aus. Einer seiner Gegner, Athanasius, der inzwischen Bischof von Alexandria geworden war, verteidigte leidenschaftlich die Definition des Konzils von Nikaia und wurde schon bald von Konstantin selbst ins Exil geschickt. Nach Konstantins Tod im Jahr 338 erlebt man, wie ein Kaiser um den anderen bald für die eine, bald für die andere Seite Partei ergreift. Das geschah in einer Zeit, in der das Gefüge des Römischen Reichs ohnehin zu wackeln begann und wo die Armeen anfingen, sich nach Belieben selbst ihren Kaiser auszurufen. Die Folge war, daß die Verwirrung über die richtige Lehre noch durch die politische Verwirrung verschärft wurde.

Anhänger und Gegner des Arius taten sich gegenseitig in den Bann. So kam es, daß der heilige Athanasius die längste Zeit seines Lebens fern seinem Bischofssitz verbrachte: Fünfmal wurde er ins Exil geschickt, bald nach Trier, dann nach Rom, dann nach Ägypten; schließlich starb er 373, ohne das Ende einer Krise zu erleben, die vor allem im Orient tiefe Spuren hinterlassen sollte. Von den Theologenversammlungen sprang diese Krise auf die christlichen Volksmassen insgesamt über. So berichtet Gregor von Nyssa: „Ganz gleich, ob du zum Geldwechsler gehst oder zum Bäcker oder in die Thermen, du wirst gefragt, ob du den Vater für größer als den Sohn hältst, oder ob du glaubst, der Sohn sei aus dem Nichts entstanden!" Mit anderen Worten, der theologische Zwist führte zu einem tiefen Riß in der christlichen Welt.

Er sollte sich sogar auf zahlreiche Völkerschaften auswirken, die das Evangelium überhaupt erstmals, und zwar in der häretischen Form des Arius, kennenlernten. Im Jahr 341 wurde nämlich ein Mann namens Wulfila zum Bischof geweiht, dessen Familie von den Goten bei ihrem ersten Einfall bis an die Ufer des Schwarzen Meeres verschleppt worden war. Wulfila ist als Arianer Christ; ihm sind Sprache und Sitten der Goten geläufig; er beginnt unter den Germanen eine intensive missionarische Tätigkeit und entwickelt für sie sogar ein neues Alphabet, um ihnen die Heilige Schrift in ihrer Sprache vorlegen zu können. Auch der Großteil der Eindringlinge, die sich schließlich in Europa niederlassen, die Westgoten, Ostgoten und Wandalen werden die christliche Religion nur in der Form der arianischen Häresie kennenlernen. Wulfila hatte sich der Richtung angeschlossen, die im Orient vorherrschte und die das Konzil von Rimini im Jahr 359 bestätigen sollte, denn auf diesem hatte das arianische Glaubensbekenntnis die Oberhand gewonnen. So wurde die germanische Welt von einer Häresie infiziert, die noch sehr lange überleben sollte, ungefähr dreihundert Jahre lang.

Seit 496 der Frankenkönig Chlodwig unter dem Einfluß seiner Gattin Clotilde das Heidentum ablegte und sich in der katholischen Kirche taufen ließ, wird Frankreich in Europa und übrigens auch in vielen Gegenden des Orients als „älteste Tochter der Kirche" bezeichnet. Tatsächlich brauchten andere Länder, zum Beispiel Spanien, sehr lange, bis sie die Häresie ablegten, zu der sie von den Westgoten bekehrt worden waren. Im übrigen prägte die arianische Krise nachhaltig die orientalischen Kirchen, wo sich auch viele andere Häresien ausbreiteten.

So war Martin den Einwänden seines Vaters ziemlich hilflos ausgesetzt. Seine Mutter lieh ihm ein geneigteres Ohr, und er konnte sie zu seiner Freude zum Christenglauben hinführen. Im übrigen brauchte er nicht lange zu warten, um am eigenen Leib die verhängnisvollen Folgen der Häresie zu verspüren, nämlich die Gewalttätigkeit, mit der sich ihre Anhänger und diejenigen des orthodoxen Glaubens bekämpften. In jener Donaugegend, die man damals das *Illyricum* nannte – der äußerste Osten des Römischen Reiches –, hatten alle Bischöfe den Arianismus übernommen; drei ihrer Vertreter waren Valens von Mursa, Germinius von Sirmium und Ursacius von Singidunum, drei Städten, die hundert bis hundertfünfzig Kilometer von Sabaria entfernt lagen. Martin hatte sich mit einem von ihnen und dessen Klerus auf eine Auseinandersetzung eingelassen, war mit Ruten geschlagen worden und hatte flüchten müssen.

Der Kaiser Konstantius unterstützte persönlich die Häresie. Er hatte damals Italien verlassen und war über Rimini und Ravenna in die Gebiete um Trient und an der Donau gereist. Im Oktober 356 befand er sich in Sirmium und sollte diese Gegend erst zwei Jahre später wieder verlassen, um nach Konstantinopel und dann in den Orient zu gehen, wo er 361 starb. In der Stadt Sirmium hatte er durch ein arianisches Konzil eine Art Credo ihrer häretischen Lehre zusammenstellen lassen. Es war ihm gelungen, dafür die Unterschrift eines der größten Vorkämpfer des Konzils von Nikaia zu gewinnen, des Bischofs Hosius von Cordoba. Allerdings war Hosius zu diesem Zeitpunkt schon sehr alt, und in seiner Umgebung warf man ihm vor, diesbezüglich „nicht mehr ganz bei Verstand" gewesen zu sein. Jedenfalls wurde die ganze dortige Gegend, vor allem unter dem Einfluß des Kaisers, arianisch. So verwundert es nicht, daß Martin daraus vertrieben wurde.

Er kam nach Italien und mußte dort erfahren, daß auch Hilarius hatte Poitiers verlassen und ins Exil gehen müssen. Auch die Bischöfe Rhodianus von Toulouse und Liberius von Rom waren im Exil – dies auf Betreiben eines der hartnäckigsten Verfechter des Arianismus, des Bischofs Saturnin von Arles.

Martin machte in Mailand halt, was in seinem Fall ebenfalls nicht angeraten war, denn der Bischof dieser Stadt, Auxentius, war ebenfalls Arianer, und sein für die Häresie gewonnener Klerus zögerte nicht, den Reisenden aus der Stadt zu jagen.

Was sollte er tun? Wohin gehen? Zweifellos war jetzt der Augenblick gekommen, um sein Vorhaben, sich ins Eremitenleben zurückzuziehen, ins Werk zu setzen; davon hatte er ja immer geträumt. Gegenüber der Küste der Stadt Albenga lag eine kleine Insel namens Gallinara; sie schien ihm der geeignete Platz für ein zurückgezogenes Leben zu sein. Ein anderer Priester, dessen Namen Sulpicius nicht nennt, begleitete ihn in sein Exil. Wie die Einsiedler in Ägypten lebten sie von wilden Kräutern und widmeten sich dem Gebet. Daß Martin sich auf dem Gebiet des Gebetslebens auskannte, steht außer Zweifel; für die wilden Kräuter dagegen gilt das nicht: da fehlte ihm die Erfahrung. Folglich vergiftete er sich mit einem davon, das Sulpicius genau nennt. Es handelt sich um die Christrose, die in geringer Dosis als Heilmittel gegen den Wahnsinn gilt, aber unvorsichtig genossen ein echtes Gift ist. Martin „vertrieb durch die Kraft seines Gebets diese tödliche Gefahr", sagt sein Biograph.

Als er von seiner Vergiftung wieder genesen war, erfuhr er, daß Hilarius die Erlaubnis bekommen hatte, wieder an seinen Bischofssitz zurückzukehren, genauer: Man hatte ihm befohlen, nach Gallien zurückzukommen, doch ohne daß das Verbannungsurteil aufgehoben worden wäre. Man zog es vor, ihn in der eigenen Diözese an seinem Sitz unter Aufsicht zu halten, statt daß er in anderen Kirchen Streitgespräche führte, die nicht immer zum Vorteil seiner Gegner ausgingen. Martin begab sich zunächst nach Rom, wo er hoffte, dem zurückreisenden Hilarius zu begegnen. Aber dieser hatte die Stadt bereits verlassen, und so mußte er sich auf den Weg nach Poitiers machen. Er wollte sich nun endlich richtig in das asketische Leben einführen lassen, nach dem er sich schon immer gesehnt hatte, das aber ohne gründliche Vorbereitung schlecht gelingen konnte. Die Erfahrung auf der Insel Gallinara hatte ihm das bewiesen: Man konnte von wilden Kräutern leben – aber nur, wenn man sie genau kannte!

Im übrigen hatte Martin genügend Stoff, um über den schrecklichen Riß nachzudenken, der mitten durch die Kirche ging. Kaum hatte sie die Freiheit erlangt und war berufen, sich vor aller Augen unter dem Schutz der „zeitlichen Gewalt" zu entfalten, da stand sie vor einer neuen und schlimmen Situation. Irrtümer, Häresien machten sich breit. Solche hatte es schon seit den Zeiten der Apostel gegeben; aber gegenwärtig vertieften sich die Risse, es kam zu schrecklichen Gewalttätigkeiten, und das gerade aus dem Grund, weil die weltliche Macht so großes Interesse am christlichen Glauben hatte. Das Evangelium sagt es ausdrücklich: „Denkt nicht, ich sei gekommen, um Frieden auf die Erde zu bringen. Ich bin nicht gekommen, um Frieden zu bringen, sondern das Schwert. Denn ich bin gekommen, um den Sohn mit seinem Vater zu entzweien und die Tochter mit ihrer Mutter und die Schwiegertochter mit ihrer Schwiegermutter; und die Hausgenossen eines Menschen werden seine Feinde sein" (Matthäus 10, 34–37; Lukas 12, 51–53). Das war eine harte Voraussage, die da in Erfüllung ging. Und die Kaiser, die ständig ins Leben der Kirche eingriffen, verschärften noch unablässig die Lage – zumal in dieser Zeit, in der die Verfallserscheinungen des Reiches einsetzten. Die Appelle der Bischöfe von Rom (angefangen beim heiligen Clemens), sich um Einheit zu bemühen, „damit der Leib gesund bleibt, den wir in Christus Jesus bilden", wurden dringend. Angesichts der arianischen Irrlehre war es mehr denn je ein Anliegen, auf die Gesundheit dieses Leibes bedacht zu sein.

Martin wußte mit sicherem Gespür, daß es gegen solche Übel nur ein wirksames Heilmittel gab: das Gebet. Um besser beten, um seine Zeit und seine Kräfte besser dem Horchen auf Gott widmen zu können, würde er fortan in der Person des Hilarius einen Führer haben.

Fast unmittelbar nach seiner Ankunft in Poitiers nahm sein Traum vom Eremitenleben konkrete Gestalt an. Sein Biograph erzählt, Martin habe sich unweit der Stadt in einer Einsiedelei niedergelassen, von der Spuren noch heute erhalten sind. Sie liegt knapp zehn Kilometer von Poitiers entfernt an den Ufern des Clain an einem Ort namens Ligugé. Martin war dort also in unmittelbarer Nachbarschaft seines Meisters und Freundes, des Bischofs Hilarius, und konnte sich an diesem damals noch einsamen Ort dem Gebet widmen.

Allerdings blieb Martin nicht lange allein. Bald kristallisierte sich in Ligugé um ihn eine Gruppe weiterer Christen, die sich wie er zum Leben des Gebets hingezogen fühlten. Hier kündigt sich schon an, was später dort erbaut werden sollte: eine Benediktinerabtei, die heute noch existiert. (Die Mönche, die 1901 vertrieben worden waren, kehrten 1919 dorthin zurück, und, nebenbei bemerkt, ihre Abtei zeichnet sich durch ihre wunderbare Bibliothek aus.) Sehr bald führte also Martin, der als Eremit angetreten war, ein Zönobitenleben, das heißt, er lebte in Gemeinschaft. Seine Behausung reichte natürlich nicht für die anderen, und so bauten sich seine Schüler, die darauf begierig waren, ihn nachzuahmen, rings um die seine zahlreiche eigene „Hütten". Es handelte sich dabei vermutlich um jene Häuschen aus Trockensteinmauern, die man in allen keltischen Ländern findet, von Irland bis in die Provence, wo sich noch im 18. Jahrhundert die Hirten „bories" bauten, Häuschen ohne jeden Zement, die einzig vom Gewicht der sorgfältig aufeinandergeschichteten Steine stabilisiert sind und ganz wasserdichte Quartiere abgeben.

In unserer Zeit hat man in Ligugé Grabungen unternommen. 1954 entdeckte man unter der heutigen Kirche eine Krypta aus dem 7. Jahrhundert, und unweit davon die Reste einer gallisch-römischen Behausung, die man an der Stelle der Wunder des heiligen Martin errichtet hatte, welche man als *Martyrium* bezeichnet.

Offenbar ist es Hilarius gelungen, Martin zu überreden, die höheren Weihen zu empfangen, und folglich wurde Martin zunächst Diakon, dann Priester. Eines Tages suchte ihn ein Katechumene auf, der sich in den Glauben einführen und taufen lassen wollte. Dieser Mann wurde plötzlich schwer krank und bekam heftige Fieberanfälle. „Nun war aber Martin zu dem Zeitpunkt gerade außer Haus." Ab und zu kam es vor, daß er Ligugé verließ, wahrscheinlich, um Hilarius aufzusuchen; aber diese Zeiten der Abwesenheit dauerten nie lange. Nach drei Tagen kam er wieder heim und fand seinen Katechumenen leblos daliegend vor. Die Gefährten Martins machten sich Vorwürfe und waren schon bei den Vorbereitungen für sein Begräbnis. Überlassen wir Sulpicius Severus das Wort: „Martins

Seele war ganz vom Heiligen Geist erfüllt. Er schickte sie alle aus der Zelle, wo der Leichnam aufgebahrt war. Dann verriegelte er die Türen und streckte sich über die leblosen Gliedmaßen des verstorbenen Bruders aus. Nachdem er sich einige Zeit ins Gebet versenkt hatte und der Heilige Geist ihn die Kraft des Herrn spüren ließ, stand er vorsichtig wieder auf, richtete den Blick auf das Gesicht des Verstorbenen und wartete mit restlosem Vertrauen die Wirkung seines Gebets und des Erbarmens Gottes ab. Nach knapp zwei Stunden konnte er beobachten, wie der Verstorbene langsam eines ums andere seiner Glieder zu bewegen begann, seine Augen aufschlug und zu blinzeln anfing, um wieder richtig sehen zu können. Hierauf wandte er sich laut schreiend an Gott und erfüllte die ganze Zelle mit seinen Rufen des Dankes an ihn." Natürlich rief das Geschrei die Gefährten Martins herbei, die sich vor der Tür drängten: „Welch außergewöhnliches Schauspiel: sie sahen den wieder lebendig vor sich, von dem sie sich bereits als Totem verabschiedet hatten."

Das „Martyrium" von Ligugé soll später über der Stelle dieser Auferweckung vom Tod errichtet worden sein, die an das Vorbild des Propheten Elisäus im Alten Testament erinnert (2. Buch der Könige 4, 33), wo der Prophet den Sohn der Sunamitin wieder ins Leben holt. Der auferweckte Katechumene wurde bald danach getauft und blieb in der Umgebung Martins zu Ligugé. Severus berichtet, er habe bereitwillig Zeugnis davon abgelegt, daß er dank des Gebets von Martin wiederbelebt worden sei. Er schreibt: „Der Mann lebte noch etliche Jahre und war bei uns der erste, an dem sich die Tugendkraft Martins offenbarte und der das bezeugte. Er erzählte, daß er beim Verlassen seines Körpers Angst gehabt habe, ins Schattenreich verdammt zu werden. Aber da hätten zwei Engel dem Richter mitgeteilt, das sei der Mensch, für den Martin bete, und diese beiden Engel hätten ihn auch zurückgebracht und wieder in seiner früheres Leben versetzt."

Ein ähnliches Wunder ereignete sich noch einmal. Martin kam an der Grenze des Gutes eines gewissen Lupicinus vorbei, als er Schreie und Weinen hörte. Er ging hinein, um nach der Ursache zu sehen, und man erklärte ihm, ein kleiner Sklave habe gerade Selbstmord begangen; er hatte sich erhängt. „Daraufhin", so erzählt Sulpicius Severus, „betrat er die Kammer, in der der Leichnam lag, schickte die Menge hinaus, streckte sich über den Leichnam und betete einige Zeit. Bald schon belebte sich dessen Gesicht wieder, nur die Augen waren noch matt, und schließlich erhob sich der Tote und schaute Martin ins Gesicht." Er richtete sich auf, nahm die Hand dessen, der ihn gerade gerettet hatte, stellte sich aufrecht hin „und ging so bis in den Vorraum des Hauses, unter den aufmerksamen Blicken der ganzen Menge".

Zwei Auferweckungen. Heute würde man vielleicht eher von „Reanimationen" sprechen. Sie sind trotzdem nicht weniger verblüffend. Vermutlich war Martin am wenigsten erstaunt über das, was da geschehen war; er hatte gebetet, und Gott hatte auf sein Gebet reagiert. Er hatte schon immer gewußt, wie sehr Gott auf das Gebet der Menschen achtet. Sein Ruf verbreitete sich dadurch natürlich um so rascher.

Sulpicius Severus berichtet übrigens die Fakten, ohne das Wort „Wunder" zu verwenden, das seine Umgebung bei dieser Gelegenheit sicher gebraucht hat.

Er sagt nichts weiter über die Ereignisse, die in der Gegend von Ligugé unter dem Vorsitz des heiligen Hilarius von Poitiers wohl stattgefunden haben; aber man kann sich ohne allzu große Mühe vorstellen, wie die Aussprachen zwischen einem solchen Meister und einem solchen Schüler beschaffen gewesen sein werden. Martin hat nichts geschrieben, aber vom heiligen Hilarius haben wir zwei kostbare Werke: den Kommentar über das Matthäusevangelium *In Mattheum*, und vor allem den Traktat über die Dreifaltigkeit *De Trinitate*. „Ich bitte dich, halte die

Glut meines Glaubens am Leben", ruft er in diesem Werk aus. Das dürfte auch das Gebet Martins gewesen sein, in einer Zeit, wo der Glaube vom Zeitpunkt seiner Geburt an angefochten war, weil die Arianer hartnäckig die Gottheit Christi leugneten. Keine Aussage war in den Augen von Hilarius zu stark, wenn es darum ging, an einem Gott in drei Personen festzuhalten. Er sagt: „Was mich angeht, allmächtiger Gott, so werde ich, solange ich mich des Lebensodems erfreue, den du mir geschenkt hast, dich als den ewigen Gott verkünden, aber auch als den ewigen Vater; nie werde ich behaupten, du habest jemals existiert ohne deine Weisheit, deine Macht und dein Wort, ohne Gott den einzig Gezeugten, meinen Herrn Jesus Christus ... Er ist der Sohn, der von dir, Gott Vater ausgegangene Sohn. Er ist wahrer Gott, von dir gezeugt kraft deiner ungezeugten Natur ... Ich werde auch nie dulden, daß deinem Heiligen Geist die Bezeichnung ‚Geschöpf' zugeschrieben wird, denn er ist aus dir hervorgegangen und von deinem Sohn gesandt, und ich habe höchste Ehrfurcht vor deinen Geheimnissen ... Ich halte unverrückbar mit meinem Glauben fest, was ich nicht zu begreifen vermag." Und er bringt wiederum sein Staunen zum Ausdruck, daß er eine „Neugeburt" erfahren habe, als er im Namen des Vaters und des Sohnes und des Heiligen Geistes getauft worden sei.

Solche Zeugnisse, die aus den Kontroversen heraus entstanden sind, an denen diese Zeit reich war, lassen uns sozusagen noch miterleben, wie die Lehre lebt und sich weiter entfaltet, nicht ihrem Inhalt, aber ihrer Formulierung nach. Die Häresien haben letztlich zu dem Ergebnis geführt, daß der Glaube präziser formuliert worden ist, und man kann das in dieser Frühzeit bei denen mitverfolgen, die man zu Recht als die „Kirchenväter" bezeichnet. Hilarius war in seinen Taten und Gesten gemäßigter als ein Athanasius, und so hat er seine Zeit spürbar bereichert, was auch Martin zugute kam. Während der Jahre, die er in

Poitiers verbracht hat, haben sie sich sicher auch über die Glaubenslehre unterhalten, so daß dies zu einer fruchtbaren Zeit nicht nur im Leben der Kirche, sondern auch in demjenigen Martins geworden ist. So kann man also sagen, daß selbst die Häresien, welche Spaltung und Zwietracht unter den verschiedenen Gemeinden säten, letztlich etwas Gutes bewirkten, weil sie dazu verpflichteten, die Lehre präziser zu fassen.

Das sollte sich im Lauf der ganzen Kirchengeschichte bewahrheiten, vor allem aber in diesem 4. Jahrhundert, das für die Kirche die Anfänge einer Reifezeit darstellt. Während die arianische Krise noch voll im Schwang ist, kristallisiert sich bereits eine weitere Häresie heraus, von der man anfangs gar nicht vermuten sollte, daß sie in der Zukunft so bedeutend werden könnte. Es handelt sich um die Vorstellungen des Apollinaris von Laodikaia, der ein glühender Anhänger des Symbolums von Nikaia war, wodurch er sich von vielen Christen im Zentrum jenes Syrien, das weithin arianisch war, unterschied. Doch Apollinaris vertrat, der Gottmensch Christus habe nicht ganz und gar ein Mensch wie alle andern sein können, und er leugnete dessen zweifache Natur als Gott und als Mensch. Apollinaris war im Jahr 377 auf einer Synode zu Rom, der der Papst Damasus vorgestanden hatte, verurteilt worden. Aber sein Irrtum sollte endlose Diskussionen auslösen, die in ihrem Gefolge später auch zu den Verurteilungen gegen den Bischof Nestorius von Konstantinopel führten. Letzterer wandte sich vor allem gegen den Titel „Gottesmutter", den die Volksfrömmigkeit der Jungfrau Maria verliehen hatte und der gegen Ende des 3. Jahrhunderts vor allem in Ägypten im Gebrauch war.

Die unmittelbar auf Martin folgende Epoche wird von leidenschaftlichen Diskussionen beherrscht sein, deren Gegenstand die Person von Gott dem Heiligen Geist ist. Der heilige Cyrill von Alexandrien wird eine rege Tätigkeit entfalten, um darzulegen, daß Christus eine Doppelnatur in der Einheit einer Person hat. Die Konzilien von Ephesus 431 und zwanzig Jahre danach Chalkedon (451) waren von den Kontroversen beherrscht, die sich an diesem Thema entzündet hatten. Nicht alle Kirchen haben die Beschlüsse dieser Konzilien akzeptiert, vor allem etliche im Orient nicht. Daraus sind mehrere andere Richtungen entstanden, die später Kaiser Justinian auszumerzen versuchte. Einige davon bestehen jedoch bis heute fort. Dazu gehört zum Beispiel die Kirche der sogenannten Jakobiten, mit der in unserem 20. Jahrhundert immerhin der Dialog eröffnet worden ist.

Wir werden sehen, daß Martin Gelegenheit haben wird, an einigen dieser Auseinandersetzungen teilzunehmen, die sich aus den mehr oder weniger klar erwiesenen Abweichungen des einen oder anderen Denkers von der Glaubenslehre ergeben. Seine Haltung ist grundsätzlich die des Gläubigen, der das überkommene Depositum des Glaubens übernimmt und nicht versucht, über dessen Inhalte kritisch zu diskutieren. Für ihn bedeutet der Glaube ein Licht, und wer sich darauf betend einläßt, den führt es in die Fülle des Glaubenswissens ein.

Im übrigen muß ausdrücklich darauf hingewiesen werden, wie fruchtbar seine Zeit auf dem Gebiet des Glaubens ist. Ganz abgesehen von den leidenschaftlichen Diskussionen und den Spaltungen, zu denen sie führen, entstehen zahlreiche neue Kirchen, die den Eifer bezeugen, mit dem das Werk der Evangelisation betrieben wird. Dazu gehört die armenische Kirche, die ihren Ursprung einem Gregor verdankt, der den Beinamen „der Erleuchtete“ erhielt und der seinen König Tiridatus gegen Ende des 3. Jahrhunderts zur Konversion bewegte. Im Lauf des 4. Jahrhunderts wird in dieser Kirche, deren Sprache über eine eigene Schrift verfügt, die Heilige Schrift übersetzt und eine christliche armenische Liturgie eingeführt. Sie bleibt ihrem Glauben trotz jahrhundertelanger Verfolgungen, die sie vor allem durch die Perser erleidet, treu.

In Georgien ist es eine Frau, die als die heilige Nino verehrt wird (was vielleicht der Diminutiv von Christiana ist), die den König Mirian, die königliche Familie und das ganze Volk bekehrt. In Äthiopien wird der christliche Glaube im 4. Jahrhundert durch zwei junge Männer namens Fromentios und Aidesios eingeführt. Sie stammen aus Tyros in Phönizien, werden durch einen Schiffbruch an die Küste von Abessinien verschlagen und fangen an, dort das Evangelium zu verkünden. Fromentios wird in der Folge in der Hauptstadt Axoum der erste Bischof einer Kirche, der es beschieden ist, zu überleben, ohne von den zeitgenössischen Häresien angefochten zu werden.

III

Der Bischof von Tours und die Kirche seiner Zeit

Der Tod des Hilarius von Poitiers wurde in der ganzen Christenheit als ein ungeheurer Verlust empfunden. Dieser große Theologe verschwand ausgerechnet zu dem Zeitpunkt, wo der Arianismus überall an Boden gewann. Für Martin war das ein harter Schlag: Er verlor nicht nur einen Freund, sondern gleichzeitig den Lehrmeister, der ihn auf den Weg der Askese gewiesen hatte, und vor allem den sichersten aller Ratgeber – einen Mann, der zu einer Zeit, in der die Häresie äußerst heftig die Kirche erschütterte, ganz klar die Wahrheit des Glaubens auszusprechen und zu verteidigen verstand.

Damals fühlte man bei Martin mit dem Antrag vor, er solle Bischof werden, nämlich der dritte Bischof der Stadt Tours, in der gerade Lidorius gestorben war, der Nachfolger Gatians, des ersten Bischofs dieser Stadt. Das kirchliche Leben von Tours hatte also noch nicht lange bestanden. Im übrigen zählte Gallien insgesamt um 317, also zur Zeit der Geburt Martins, nur 22 Bischöfe; am Ende des Jahrhunderts sollten es 70 sein, was eine gewaltige Entwicklung des Christentums anzeigt.

Martin, der sich ehedem dagegen gesträubt hatte, Diakon zu werden und erst nach langem Hin und Her zum Empfang der Priesterweihe bereit gewesen war, ließ sich nicht leicht dazu überreden, Bischof zu werden; er fühlte sich einer solchen Aufgabe ganz und gar unwürdig.

Nachdem er seine Ablehnung geäußert hatte, empfing er den Besuch eines Mannes aus Tours namens Rusticius. Dieser warf sich vor ihm auf die Knie und flehte ihn an, mitzukommen und seine kranke Frau zu besuchen. Martin sagte zu und begab sich auf den ungefähr dreistündigen Fußweg von Poitiers bis Tours. Nach einiger Zeit wurde der Weg ziemlich belebt: Nach und nach schlossen sich dem Rusticius scharenweise Menschen an, und die Menge wurde immer größer, je näher man der Stadt kam. Dort waren die Einwohner von Tours und sogar den umliegenden Ortschaften versammelt. Martin wurde buchstäblich zum Gefangenen der Menge. Es wurde ihm klar, daß er regelrecht in eine Falle gelaufen war. „Alle, die ihn umgeben, haben nur einen Willen, einen Wunsch, ein Gefühl: Martin ist der würdigste für das Bischofsamt; glücklich die Kirche, die einen solchen Bischof haben wird!"

Wieder einmal wird er schließlich das tun müssen, was er eigentlich gar nicht wollte: wider Willen wird er Bischof sein. Die Umstände nehmen im übrigen fast den Charakter einer Komödie an, denn sein Biograph vermerkt, daß nicht alle unbedingt dieser Ernennung zustimmen: Vor allem einige Bischöfe, die zu diesem Anlaß herbeigerufen worden sind, haben ihre Bedenken. Deshalb können wir uns ausmalen, was für eine Art der Verschwörung hier stattgefunden hat. Überall standen Trauben von Menschen herum, die leidenschaftlich darüber diskutierten, ob er der Richtige sei, und die, welche davon überzeugt waren, schmiedeten Pläne, wie man ihn nach Tours locken und mit List und Tücke auf den Bischofssitz bringen könnte. Die Ufer der Loire müssen viele Zusammenkünfte gesehen und viele Argumente dafür und dagegen mit angehört haben. Mag die Stimme des Volkes auch fast einhellig gewesen sein, so gab es vor allem seitens einiger der Bischöfe massive Einwände: „Sie sagten, es handle sich um einen schäbigen Menschen; er mache ein erbärmliches Gesicht, stecke in schmutzigen Kleidern, habe langes wirres Haar und ermangle der Würde für das Bischofsamt." Das führt uns die Gestalt des Martin ziemlich anschaulich vor Augen; wiederholt wird von ihm ausdrücklich gesagt, er habe seine Kleidung vernachlässigt, sein Gewand sei abgenutzt gewesen, und zum Friseur sei er wahrscheinlich nie gegangen.

Aber vielleicht war es gerade das, was ihm die Zuneigung des Volkes verschaffte. Martin ist bis in sein äußeres Aussehen hinein das gerade Gegenteil der verweltlichten Prälaten, von denen uns der heilige Hieronymus eine bissige Karikatur überliefert hat: „Ihre ganze Sorge kreist um ihre Kleidung und ihre Parfüms; sie achten darauf, ihre Füße ja in keine abgetragenen Schuhe zu stecken; ihre gewellten Haare tragen deutliche Spuren der Lockenwickler, ihre Finger glitzern vor Ringen, und aus Furcht, die zu nasse Straße könne ihre Fußsohlen feucht werden lassen, staksen sie nur auf Zehenspitzen darüber hin." Man muß sich dagegen Martin vorstellen, der bloß eine grobe Wolltunika trägt und langes, ungepflegtes Haar hat; aber gerade das hat ihm vermutlich die Sympathie des einfachen Volks verschafft.

Bei dieser Gelegenheit sei erwähnt, wie die Menschen damals allgemein gekleidet waren, denn die Art der Kleidung ist ja auch der Entwicklung unterworfen. Manche, vor allem in den gehobenen Schichten, tragen zu dieser Zeit noch die lange, wallende römische Toga. Viele, vor allem im gemeinen Volk, haben seit jeher den Kittel und die gallischen Beinkleider getragen, die Frauen den Rock; die einen oder anderen tragen auch den Kapuzenkittel, der ebenfalls von den Kelten stammt, Kopf und Schultern bedeckt, gegen Sonne, Regen und Frost schützt und in den kommenden Jahrhunderten sehr beliebt werden wird.

So kann man sich also die in der Kathedrale versammelte Menge vorstellen. Die Menge steht, denn man kniet noch nicht; die Kniebeuge, die ja eine Pflichtübung vor dem Kaiser war, wird von den Christen erst ab dem 5. Jahrhundert praktiziert. Die anderen, zur Weihe Martins erforderlichen Bischöfe sind da, um ihn zu einem der ihren zu machen. Da ereignet sich ein amüsanter Zwischenfall. Am energischsten hatte sich der Bischof von Angers, ein gewisser Defensor, gegen die Ernennung Martins gestellt. Er war, sagt Martins Biograph, „sein Hauptgegner". Die Zeremonie sollte beginnen, aber der Lektor, der sie mit der Verlesung liturgischer Texte eröffnen sollte, konnte sich durch die dichtgedrängte Menge keinen Weg bahnen. Man kann sich die Volksmenge und die Atmosphäre der Erregung, ja des Tumults vorstellen. „Die Zelebranten waren schon aufgeregt und konnten nicht mehr warten, bis der Lektor sich seinen Weg gebahnt hatte, und so griff einer der Assistenten nach dem Psalterium, schlug es auf und las den Vers, der ihm in die Augen fiel. Das aber war der Psalm: ‚Aus dem Mund der Kinder und Säuglinge schaffst du dir Lob, deinen Gegnern zum Trotz; deine Feinde und Widersacher müssen verstummen.' Nach diesen Worten rief das Volk lauten Beifall; die Gegenpartei wurde zutiefst beschämt!"

Das Zitat aus dem auf gut Glück aufgeschlagenen Psalter versetzte also dem hartnäckig gegen Martin eingenommenen Defensor einen schweren Schlag und zwang ihn zum Verstummen. In vielen Erzählungen wird übrigens beschrieben, wie jemand, der gerade in großen Schwierigkeiten ist oder nicht weiß, was er tun soll, die Bibel aufs Geratewohl aufschlägt und das, was er auf der aufgeschlagenen Seite liest, als eine Antwort Gottes betrachtet. Hier handelte es sich um den 3. Vers des 8. Psalms, eines sehr bekannten Psalms, denn im Evangelium zitiert ihn Jesus selbst, um vor den Pharisäern die Kinder, die ihm zujubeln, zu rechtfertigen: „Aus dem Mund der Kinder und Säuglinge schaffst du dir Lob, deinen Gegnern zum Trotz." So schreibt auch Sulpicius: „Man nahm als sicher an, es sei ausdrücklich von Gott gewollt, daß dieser Psalm gelesen wurde, damit Defensor diesen Bescheid über sein Verhalten erhielt. Denn Gott hatte sich aus dem Mund der Kinder und Säuglinge in der Person Martins Lob verschafft und zugleich Defensor als seinen Feind offenbart und vernichtet."

So wurde also Martin gegen seinen eigenen und gegen

den Willen einiger Mitglieder des Episkopats Bischof von Tours.

Der Bericht von dieser aufregenden Wahl – die wahrscheinlich am Sonntag, den 4. Juli 370 stattgefunden hat – versetzt uns mitten ins Herz der Kirche dieser Zeit, in der, wie man sieht, die *vox populi* eine wichtige Rolle spielt.

Im großen Ganzen kristallisieren sich in diesem 4. Jahrhundert das Leben der Kirche, ihre Liturgie und ihre Strukturen heraus. Während der ersten drei Jahrhunderte hatte die Kirche zwar angefangen, fast überall in der römischen Welt, im Abend- wie im Morgenland, Wurzeln zu schlagen, aber sie führte weithin ein Leben im Untergrund. Es ist das Leben, von dem die Katakomben Zeugnis ablegen. Sein hervorstechendes Merkmal ist der Kult der Martyrer, jener aufsehenerregenden „Zeugen", die ihren Glauben vor allen und gegen alle Machtinstanzen bekennen und sich auch nicht durch Kerker, Hinrichtungen und die Zähne wilder Tiere davon abbringen lassen. Mit dem 4. Jahrhundert, wo der christliche Glaube offiziell anerkannt wird – ja genauer noch: wo ihn die Kaiser, angefangen mit Konstantin, zu ihrem Glauben machen –, fängt ein neuer Abschnitt an, und auf ihn richten sich die Hoffnungen derer, die sich ihm schon vorher angeschlossen hatten. Jetzt dürfen sie erleben, daß großartige Gebäude entstehen, in denen dieser Glaube bekannt wird. Der Kaiser selbst wird Kirchen bauen lassen, wie jene Rotunde in Jerusalem, die in künftigen Zeiten die Stelle des Grabes Christi bezeichnen wird, und damit auch den Ort der Auferstehung.

Aber gleichzeitig brechen überall die Spaltungen auf, von denen bereits die Rede war. Sie bekommen beträchtliches Gewicht, wenn sie der Kaiser unterstützt, als oberster Herr, der sich wie auf allen anderen Gebieten auch auf religiösem Gebiet für zuständig hält. So hat zum Beispiel das Schisma des Bischofs Donatus in den Kirchen Afrikas einen tiefen Riß zwischen den Christen zur Folge. Die Schismatiker werden von Konstantin bald bekämpft, bald toleriert oder sogar ermutigt; und genauso halten es seine Nachfolger. Überall hat auch die arianische Krise, die ebenfalls von der weltlichen Macht bald bekämpft, bald unterstützt wird, tiefe Spaltungen zur Folge. Diese sollten sich im Laufe der Jahrhunderte vertiefen, zumal, wie wir gesehen haben, die aufeinander folgenden Erobererheere zum größten Teil den christlichen Glauben in seiner häretischen Form angenommen hatten. Entsprechend groß wird die Bestürzung derer sein, die im folgenden Jahrhundert miterleben müssen, wie dieses Imperium zerbricht, auf das sie so große Hoffnungen gesetzt hatten.

Schon am Ende dieses 4. Jahrhunderts ist die Stellung des Kaisers nicht mehr dieselbe wie zur Zeit des Diokletian. Dieser, ein unerbittlicher Christenverfolger, hatte zwei Reiche eingerichtet, ein Ostreich und ein Westreich, und an der Spitze eines jeden stand ein Herrscher oder „Cäsar". Die Macht des Kaisertums sollte dadurch sehr beeinträchtigt werden, und das um so mehr, als die Armeen in dieser Zeit, wo die Herrschergewalt ihr Prestige verliert, zur stärksten Kraft werden. Diese Armeen lassen es sich, wie bereits gesagt, nicht nehmen, selbst Kaiser nach dem Geschmack der Soldaten zu ernennen. Zu Lebzeiten Martins geschieht das immer wieder.

Diese Zeit ist aber gleichzeitig auch die Epoche, in der sich der christliche Glaube festigt. Die Menschen werden Zeugen der Geburt einer christlichen Kultur: Die Meditation der Bibel und das von den Psalmen inspirierte Gebet bewirken eine kulturelle Entwicklung, die ihre Früchte erst in kommenden Jahrhunderten voll zeitigen wird, indes die Liturgie, die reicher ausgestaltet wird, ebenfalls der Nährboden unerwarteter musikalischer Schöpfungen und szenischer Inszenierungen wird. Im Jahrhundert des heiligen Martin ist all das erst im Keim vorhanden. Aber während die heidnische Kultur verarmt und sich nur noch eine Zeitlang in verschiedenen Formen der Esoterik zu erneuern versucht, beginnt eine christliche Kultur Gestalt anzunehmen, die von dieser Epoche an auf eine reiche Blüte zustrebt. Man hat gesagt, dieses Jahrhundert sei das Goldene Zeitalter der Kirchenväter gewesen. Tatsächlich bringt es Denker, Schriftsteller und Prediger hervor, die der christlichen Literatur eine Vielzahl unvergleichlicher Glanzstücke schenken.

Die Kirche wird in diesem Jahrhundert im Orient mit einigen ihrer größten Apostel beschenkt, angefangen beim heiligen Basilius, dem „Wunder des Universums", wie ihn einige Zeitgenossen genannt haben. Er stammt aus Kappadokien, wurde gegen 329 als Kind einer sehr wohlhabenden Familie geboren, hat seine Studien in Konstantinopel und dann in Athen gemacht. Er fühlt sich schon sehr früh zur Askese hingezogen, aber zu einer Askese, die nichts Manichäisches an sich hat und nicht von der Verachtung des Körpers beeinflußt ist. Darin unterscheidet er sich von vielen seiner orientalischen Mit-Asketen und kommt eher Martin näher, den die Neigung zur Kontemplation zu einer körperlichen Buße inspiriert, die nichts Verbissenes an sich hat. Basilius wird 364 zum Priester geweiht und erlebt wie Martin, daß sich Jünger um ihn scharen. Das Jahr 368, in dem eine schlimme Hungersnot ausbricht, bringt ihn dazu, Hospize für die Kranken und Hungernden zu gründen. 370 wird er Bischof von Kaisareia in Kappadokien. Sein Leben lang unterhält er eine rege Korrespondenz, viele Menschen wenden sich an ihn, und er schöpft dabei aus der Heiligen Schrift und der Tradition unablässig neue lichtvolle Einsichten, vor allem durch die Infragestellung der Häresien, besonders diejenige der Arianer. Er stirbt 379.

Ganz anders verläuft das Leben seines jüngeren Bruders Gregor von Nyssa, der gegen 335 geboren wurde. Er ist intellektueller veranlagt, auch ängstlicher und streitbarer. Später wird er als „der universalste Theologe seines Jahrhunderts" bezeichnet werden. Mit seiner *Großen Katechese* hinterläßt er nach den Worten von Hans von Campenhausen „den ersten großen Versuch einer systematischen Darstellung der christlichen Lehre". Er ist zwar verheiratet, widmet aber dennoch seinen ersten Traktat dem Thema *Über die Jungfräulichkeit*. 371 wird er Bischof von Nyssa, erfährt etliche Anfeindungen, wird abgesetzt, geht ins Exil und wird 378 wieder rehabilitiert. Er nimmt 381 am Konzil von Konstantinopel teil, obwohl er scharf von Gegnern des Symbolums von Nikaia angegriffen wird. Zweimal erhält er die Berufung, die feierlichen Leichenreden für zwei hochgestellte Mitglieder der kaiserlichen Familie zu halten. Er verfaßt eine Lebensbeschreibung seiner Schwester Makrina sowie diejenige des Basilius. Beide Brüder verdanken viel der erleuchteten Frömmigkeit dieser ihrer älteren Schwester. Sie hat eine Gemeinschaft von Jungfrauen gegründet, die sich dem kontemplativen Leben widmen. Gregor von Nyssa stirbt 394.

Gregor von Nazianz, um 330 geboren, war ein Freund der beiden, vor allem aber des Basilius, von dem er nicht zu trennen ist; sie haben zusammen studiert. Gregor ist mit einem vorzüglichen literarischen Gespür begabt und schätzt Homer und Vergil. Als Sohn eines Priesters wird er selbst ebenfalls Priester, im Jahre 372 Bischof von Sasimes. Jedoch leidet er sehr unter diesem Amt, für das er überhaupt nicht geeignet ist. Schließlich wird er auf Wunsch derer, die den Beschlüssen des Konzils von Nikaia gegen den Arianismus treu geblieben sind, am Weihnachtsfest 380 durch Kaiser Theodosius für einige Zeit auf den Bischofsstuhl von Konstantinopel berufen. Allerdings opponieren einige Gruppen derart, daß er sich schließlich gezwungen sieht, sich nach Nazianz zurückzuziehen, wo er 389 oder 390 stirbt. Er hinterläßt zahlreiche Werke in gereimter Form.

Das sind die wichtigsten „griechischen Väter", die das 4. Jahrhundert erleuchten. Schließlich sei der bekannteste aller Kirchenväter genannt, dessen gedankliche Tiefe und Schärfe unbestritten ist, der heilige Augustinus. Mit allen diesen Namen sind große Persönlichkeiten verknüpft, deren

Werke die Grundlage der Theologie bleiben, oder allgemeiner gesagt, der christlichen Lehre, und sie alle reihen sich in der zweiten Hälfte des 4. und der ersten Hälfte des darauffolgenden Jahrhunderts aneinander. Hier muß noch ein weiterer Bischof erwähnt werden, der ebenso wie Martin gar nicht Bischof werden wollte, aber dessen Einfluß ungemein stark war, wie überhaupt seine Persönlichkeit: der heilige Ambrosius, Bischof von Mailand, der den Gesang in die Kirche eingeführt hat. Er hinterläßt der Mailänder Kirche einen ungemeinen Reichtum, da er Hymnen und Sequenzen von großer Schönheit gedichtet hatte, die zur Ausformung des „gregorianischen" Gesanges beitrugen.

Wie der heilige Martin war auch der heilige Ambrosius unter dem Druck des Volkes auf den Bischofsstuhl erhoben worden, wenn auch unter deutlich anderen Umständen; auch war der „soziale Hintergrund" – wie wir heute sagen würden – beider Männer völlig unterschiedlich. Der Vater des Ambrosius war Präfekt der Gallier. Er selbst hatte sich zwar kaum zu den öffentlichen Ämtern hingezogen gefühlt, noch weniger zur Rhetorik, sah sich aber mit der Verwaltung der Provinz von Emilia-Ligurien betraut, deren Gouverneur er mit 29 Jahren geworden war. Kraft seines Amtes und um die Ordnung in der Stadt Mailand wiederherzustellen, hatte er sich im Jahr 374 in die Kathedralkirche begeben, als gerade der Bischof Auxentius gestorben war. Zwei Kandidaten lagen im Streit um seine Nachfolge. Ambrosius versuchte gerade, die beiden erregten Parteien zu beruhigen, als ein Kind aus der Menge heraus schrie: „Ambrosius soll Bischof werden!" Dieser Schrei wurde von allen Anwesenden aufgegriffen, und so sehr er sich auch dagegen wehren und Widerspruch einlegen wollte, er mußte sich fügen, auch wenn er die Versuchung spürte, sich heimlich aus dem Staub zu machen. Er war noch gar nicht getauft; im Laufe einer Woche empfing er die Taufe und alle Stufen der geistlichen Weihen, um schließlich Bischof zu werden. Damals war er 34 Jahre alt. Später sollte er den heiligen Augustinus taufen, der seinerseits 395 zum Bischof von Hippo geweiht wurde. Ambrosius sollte Gelegenheit haben, den Kaiser Theodosius zur Buße zu bewegen und ihm für eine Reihe von Ermordungen, die er in Thessalonich angeordnet hatte, Wiedergutmachungsmaßnahmen aufzuerlegen. Aber vor allem auf dem Gebiet der Liturgie war sein Einfluß tief und nachhaltig.

Die Liturgie, die Teilnahme am eucharistischen Kult, ist das, was das Christentum vor allen anderen Religionen auszeichnet. Weithin wird sie täglich vollzogen, aber mit größerer Feierlichkeit sonntags, oder sogar, wie in Ägypten, samstags und sonntags. Auch das liturgische Jahr als Ganzes nimmt in dieser Zeit Gestalt an, mit seinem eindeutigen Höhepunkt, dem Osterfest. Darauf bereitet man sich in einer Zeit von vierzig Tagen vor, die an die vierzig Tage des Fastens Christi zu Beginn seiner Missionstätigkeit erinnern. In Anlehnung an jüdische Feste feiert man es fünfzig Tage lang weiter bis zum Pfingsttag. Zwischen den Kirchen des Westens und des Ostens gibt es Unterschiede bezüglich des Ostertermins, denn die Zählweise für den Kalender ist nicht überall die gleiche. In der Westkirche sollten in der Folgezeit noch weitere Unterschiede entstehen, vor allem im 5. und 6. Jahrhundert, als die Kirchen von England und Irland anfangen, einen gewichtigen Platz einzunehmen. Es bedurfte der Entscheidung eines Konzils, um durchzusetzen, daß das Osterfest dort am selben Tag wie in der römischen Kirche gefeiert wurde; das sollte 664–665 auf dem Konzil von Whitby dank des Einsatzes der heiligen Hilda geschehen.

Auch die Feste des Winterhalbjahrs werden in Ost und West etwas unterschiedlich gefeiert. Die orientalischen Kirchen haben die Gewohnheit entwickelt, das Erscheinen, das Offenbarwerden Gottes auf Erden, am 6. Januar zu feiern: Das ist der Tag der Epiphanie, der Theophanie; bald wird er von allen Kirchen übernommen. In Rom dagegen fängt man im 4. Jahrhundert, kurz vor dem Jahr 336, damit an, die Geburt Christi am 25. Dezember zu feiern. Der Kaiser Aurelian hatte 274 versucht, ein heidnisches Fest zu Ehren der unbesiegten Sonne, *Sol invictus,* einzuführen. Mit dem Triumph der christlichen Kirche wird dieser *Sol invictus* zum Symbol Christi, der wahren Sonne der Gerechtigkeit, und nach und nach breitet sich dieses Fest der Geburt des Herrn in allen Kirchen aus und wird ungemein populär.

Die Konzilien schreiben bald allen Christen die Teilnahme am eucharistischen Opfer, zu dem sich das Volk Gottes in der Kirche vor dem Altar versammelt, vor. Die Kommunion unter den beiden Gestalten Brot und Wein ist allgemein üblich, wenn man an der Messe teilnimmt. Doch von diesem 4. Jahrhundert an scheint die Teilnahme der Christen zurückzugehen. Im Jahr 400 wird das Konzil von Toledo denjenigen Christen, die drei oder vier Sonntage ohne Kirchenbesuch verstreichen lassen, die Strafe der Exkommunikation androhen.

Die liturgischen Feiern sind gelegentlich von Kirche zu Kirche etwas unterschiedlich, doch bleibt das eucharistische Opfer das Wesentliche. Jedoch wird eine wichtige Änderung eingeführt, und zwar ebenfalls noch in diesem so fruchtbaren 4. Jahrhundert. Bis dahin war nämlich die Kirchensprache das Griechische, die zur Zeit Jesu übliche *Koinè,* welche die allgemein gebräuchliche Sprache des Volkes in den verschiedenen Teilen des Imperiums war und noch recht lange die Sprache von Kultur und Wissenschaft bleiben sollte. Doch seit dem Ende des 3. Jahrhunderts kommt das Latein in Gebrauch – ein Volkslatein, die Sprache der Soldaten unterschiedlichster Herkunft, die mehr oder weniger stark miteinander vermischt sind –, und gewinnt nach und nach im ganzen Imperium die Oberhand. Dieses Latein wird von der Kirche übernommen – übrigens zur großen Entrüstung manches ihrer Mitglieder, wie etwa des Priesters Hippolyt, der derart über die Abschaffung des Griechischen zugunsten des Lateins in Rage gerät, daß er den Bischof von Rom scharf angreift und deshalb exkommuniziert wird. Schließlich versöhnt er sich dann doch wieder mit Papst Calixtus; er wird aber in die sardinischen Minen verbannt und beschließt sein Leben als Martyrer. Ungefähr zur gleichen Zeit verwendet Tertullian entschieden das Latein für seine Schriften. Bald wird von der ursprünglichen griechischen Liturgie nur noch die Anrufung *Kyrie eleison* übrigbleiben, die sich bis in unsere Tage erhalten hat. Außerdem hat man einige hebräische Ausdrücke beibehalten: Amen, Hosanna, Halleluja.

Erst zu Anfang des 5. Jahrhunderts wird jedoch dank der Arbeiten des heiligen Hieronymus die gesamte Bibel ins Lateinische übersetzt und kann von da an von allen Kirchen einheitlich verwendet werden. Dieses Unternehmen in Angriff zu nehmen, war Hieronymus nachhaltig von Papst Damasus ermutigt worden, dessen Sekretär und Mitarbeiter er war und dem er entscheidende Anstöße dazu gegeben hat, das Latein in der Liturgie einzuführen. Damasus war mitten in gewaltigen Schwierigkeiten 366 gewählt worden. Er setzte sich maßgeblich im Kampf gegen die Arianer ein, und zugleich wußte er bis zu seinem Tod 384 sein besonderes Interesse für das kirchliche Leben zur Verfolgungszeit zu pflegen, indem er unternehmen ließ, was wir heute als archäologische Grabungen bezeichnen würden, um die Gräber der Martyrer zu identifizieren. Daß im Abendland der heilige Ambrosius in Mailand das Volk auf Lateinisch singen ließ und den Gebrauch lateinischer Hymnen einführte, haben wir bereits gesehen.

Das Latein ist bis in unsere Tage die offizielle Kirchensprache geblieben. Das Zweite Vatikanische Konzil bekam große Schwierigkeiten, als es die heutigen Volkssprachen als liturgische Sprachen zulassen wollte. Wenn wir jetzt am Ende des 20. Jahrhunderts die Meßgesänge in unseren eigenen Sprachen singen und auch viele Klöster zur Volkssprache übergegangen sind, und wenn wir uns vor Augen halten, wie lange es gebraucht hat, bis es möglich war, daß die

Liturgie auf Französisch, Englisch, Deutsch, Koreanisch, Bantu oder Tamilisch gefeiert werden kann, können wir erahnen, wie ungemein schwierig es in den ersten Jahrhunderten war, dieses Latein als Liturgiesprache einzuführen.

Im übrigen sind die Grundlinien des liturgischen Lebens im 4. Jahrhundert festgelegt. Die wesentliche Handlung bleibt die Eucharistie, die Konsekration von Brot und Wein, die normalerweise der Bischof in Gegenwart der ihn umgebenden Priester vollzieht. Von den Agapefeiern ist nicht mehr die Rede, also von diesen brüderlichen Mahlfeiern, die zur apostolischen Zeit üblich waren und bei denen es damals bereits zu Mißbräuchen gekommen war, gegen die der heilige Paulus Stellung genommen hatte.

Das Spenden der Taufe ist meistens noch Aufgabe des Bischofs. An den Tagen vor der Zeremonie, gewöhnlich am Freitag und Samstag, fasten die Taufkandidaten. Zum Abschluß dieses Fastens gibt es einen feierlichen Ritus des Exorzismus; hierauf haucht der Bischof dem zu Taufenden über das Gesicht und bezeichnet ihm Stirn, Ohren und Nase. Dann wird die Taufe gespendet: Der Täufling wird dreimal ins Wasser getaucht, was ein dreifaches Glaubensbekenntnis bedeutet. Sind Kinder da, so werden diese als erste getauft. Die Frauen müssen mit gelösten Haaren herantreten. Der Bischof legt dem Getauften die Hand auf, gießt ihm geweihtes Öl über den Kopf und zeichnet ihm das Kreuz auf die Stirn. Sodann empfängt der Getaufte den Friedensgruß; von da an wird er mit allen anderen Gläubigen zum Gottesdienst in der Kirche zugelassen. Der Bischof konsekriert die Gaben von Brot und Wein, die die Diakone herbeigebracht haben. Er segnet auch eine Mischung aus Milch und Honig, die man den Neugetauften reicht, sowie einen Kelch mit Wasser. Bald hebt sich das Sakrament der Firmung von dem der Taufe ab und wird zu einem eigenen Ritus. Beide Riten stellen die praktische Aufnahme des Christen in die Gemeinde dar.

Auch die anderen Sakramente bilden sich heraus und

werden benannt. So kann man in den Briefen des heiligen Ignatius von Antiochien schon in den ersten Jahren des 2. Jahrhunderts lesen: „Es ziemt sich für Männer und Frauen, die heiraten, ihren Bund mit Wissen des Bischofs zu schließen.“ Tertullian verherrlichte im 3. Jahrhundert die christliche Ehe: „Wie könnte man das Glück dieser Ehe angemessen beschreiben, die von der Kirche gebilligt, durch das Opfer bekräftigt, durch die Segnung besiegelt, von den Engeln verzeichnet, vom Vater bestätigt wird?“

Auch die Versöhnung der Sünder wird Gegenstand einer Feier; man bezeichnet sie als ein echtes Sakrament. Je nach der Schwere seiner Vergehen kann der Büßer für kürzere oder längere Zeit aus der Gemeinschaft der Gläubigen ausgeschlossen werden. Die Riten und Bedingungen der Wiederversöhnung haben im übrigen im 3. Jahrhundert zu leidenschaftlichen Diskussionen geführt.

Was in jedem Fall wesentlich für das Leben des Christen bleibt, ist die Praxis der drei großen Vorschriften, die das Evangelium nennt: Fasten, Almosen und Gebet.

Auch das Sterben wird mit Gebeten und Segnungen begleitet. Der Lebensweg des Christen endet mit einer Bestattung, bei der die Hoffnung auf ein künftiges Leben zum Ausdruck gebracht wird. Ab dem 4. Jahrhundert verkünden zudem Grabsteine den Glauben an eine übernatürliche Bestimmung des Menschen. Das zeigen die christlichen Inschriften in Gallien, die vom CNRS unter Leitung von Henri Marrou systematisch erforscht und erfaßt und seit 1975 veröffentlicht werden. Auch in Trier hat man Grabungen unternommen, deren Ergebnisse von Nancy Gauthier veröffentlicht worden sind. In der bedeutenden Moselstadt, die unter Konstantin zur zweiten Hauptstadt des Imperiums nach Rom geworden war, hat man eine beträchtliche Anzahl von Grabinschriften gefunden, von denen der größte Teil christlich ist; einige von ihnen, die man in den beiden ausgegrabenen Beisetzungstätten im Norden und im Süden der Stadt gefunden hat, gehen bis ins

4. Jahrhundert zurück. Man setzte die Toten außerhalb der Stadtmauern bei. Viele Christen hatten den Wunsch, *ad sanctos* bestattet zu werden, das heißt in der Nähe der Gräber der Heiligen, die ihnen im Leben vorausgegangen waren. So hat man zahlreiche Sarkophage und Grabsteine bei den Gräbern der heiligen Paulinus und Maximinus im Norden der Stadt gefunden.

Der größte Teil der Inschriften (mehr als die Hälfte) enthält symbolische Zeichen sowie Texte, die angeben, wer unter der betreffenden Stele begraben wurde und wer seiner gedenkt: der Verwandte, der Elternteil, die Gattin oder der Gatte, die Kinder. Da heißt es zum Beispiel: „Meiner geliebten Frau Aurora, dein treuer Aquilinus"; oder: „Hier ruht Amanda, ein unschuldiges Kind. Ein Jahr, sechs Monate und neun Tage hat sie gelebt." Keine der Inschriften ist datiert, aber beim Großteil steht das Christuszeichen: das griechische X (Chi) und P (Rho, entspricht dem lateinischen R), die aufeinandergesetzten Initialen Christi, oft noch mit einem Kreuz verwoben, von Tauben verziert, neben einen Baum (einen Ölbaum) gezeichnet oder eine Vase zierend. So findet man zum Beispiel zwei Tauben und einen Ölbaum unter folgender Inschrift: „Hier ruht in Frieden Martina, das allerliebste Mädchen *(dulcissima puella)*. Sie hat sechzehn Jahre und einen Monat gelebt. Ihre Eltern haben dieses Epitaph gesetzt." Sehr häufig findet man auch das Kreuz oder das Christuszeichen oder beides miteinander in einen Kreis eingezeichnet; oder der Kreis ist von zwei Kreuzen eingerahmt – oder von zwei Tauben, gelegentlich auch von Zweigen, die Weintrauben tragen. Hier handelt es sich um Epitaphe, die die Experten auf das 4. Jahrhundert datieren – also die Zeit des heiligen Martin – oder auf den Anfang des 5. Jahrhunderts. Das Christuszeichen wird ab dem 5. Jahrhundert immer seltener und verschwindet dann ganz.

Einige dieser Inschriften, die zu den ältesten gehören, tragen die Bezeichnung *neophyta*, Neophyt, das heißt frisch Getaufte(r). Man schließt daraus, daß sich unter den Christen manche erst in ihrer Sterbestunde haben taufen lassen. Das war, wie man weiß, der Fall beim Kaiser Konstantin, der 337 in seinem „Neophyten"-Kleid starb.

Die Sitten der Bevölkerung ändern sich im Vergleich zur Brutalität der vorhergegangen Zeiten rasch spürbar. Ein Edikt des Senats verbietet 374 jede Kindstötung. Schon immer hatten sich die Christen in der damaligen Gesellschaft dadurch ausgezeichnet, daß sie, wie es im Diognetbrief heißt, „alle ihre Kinder behalten". In diesem 4. Jahrhundert regen sich auch die ersten Proteste gegen die grausamen öffentlichen Spiele, wie etwa die blutigen Gladiatorenkämpfe, an denen sich die Massen ergötzen.

Aber in der Geschichte Martins ist für uns besonders bemerkenswert, welchen Status damals der Bischof hat. Für uns Christen des 20. Jahrhunderts ist es ganz ungewöhnlich, welch wichtige Rolle bei der Wahl eines Bischofs das Volk spielt. Ungewöhnlich ist das in zweifacher Hinsicht: einerseits, weil heute nur noch durch die Hierarchie und die anschließende Approbation durch den Papst ein Bischof nominiert wird; und andererseits, weil damals das Volk sehr starken Anteil an dieser Nomination nimmt. Aus diesen beiden Gründen wollen wir uns das Zeitalter Martins noch intensiver betrachten, dieses Jahrhundert, in dem die zivile Gesellschaft nach und nach zur christlichen Gesellschaft wird.

Der heilige Cyprian hat gesagt: „Der, welcher die Diözese regieren soll, muß von den benachbarten Bischöfen in Anwesenheit des Volkes gewählt und durch Zustimmung des Volkes für würdig befunden werden." Die Kanones des Konzils von Nikaia verlangen die Anwesenheit von mindestens drei Bischöfen. Wir sehen tatsächlich, daß die versammelten Bischöfe Stellung zur Nomination Martins nehmen – wobei sie sich auch ablehnend äußern können, wie Defensor, der Bischof von Angers.

Bei dieser Gelegenheit kann man beobachten, daß das christliche Volk sehr wohl zu unterscheiden vermag, wo die wahren Vorzüge eines Bischofs liegen, und an welchen Merkmalen sich diese Qualitäten erkennen lassen. Den Einwohnern von Tours macht es wenig aus, daß Martin schlecht frisiert ist; dagegen sind sie sehr sensibel für seinen Ruf der Frömmigkeit und seinen Zug zur Armut. Schon damals hätte man das Sprichwort anbringen können, das erst viel später, nämlich im Mittelalter, im Umlauf sein sollte: „Goldkreuz gleich hölzerner Bischof, Holzkreuz gleich Bischof von Gold."

Die Geschichte zeigt uns eine Christengemeinde, die eng um ihren Bischof geschart ist und beträchtliche Ansprüche an ihn stellt. Bereits in der 2. Hälfte des 2. Jahrhunderts hatte der Bischof Irenäus von Lyon entschieden die Rolle des Bischofs gegen diejenige der Gründer der damals zahlreichen Sekten abgegrenzt. Während letztere den anderen sich selbst und ihre Sonderlehren aufdrängen, geht es beim Wirken der Bischöfe darum, den gemeinsamen Glauben zu erhalten. Er schreibt: „(Die Häretiker) sind alle erst nach den Bischöfen gekommen, denen die Apostel die Kirchen übergeben haben, und die Äußerungen ihrer Lehren sind anders und bilden geradezu einen schreienden Mißklang. Die Stimmen derer, die zur Kirche gehören, welche die ganze Erde umspannt und treu an der Überlieferung der Apostel festhält, tönen alle von ein und demselben Glauben und ein und derselben Form der Organisation." Das ist also der gemeinsame Zug, auf den die Christen bei ihren Bischöfen achten, und das entspricht jenem Anspruch, eins zu sein, den sie an sie stellen. Der Bischof ist der Hüter des Glaubens, was auch sonst seine besonderen Stärken und Fähigkeiten sein mögen, und der Bischof von Rom als Nachfolger des Petrus wird bereits als derjenige betrachtet, der einzugreifen hat, wenn der Glaube auf dem Spiel steht. Er handelt vor allem im Kollektiv mit den anderen, und in einer Zeit, in der die Häresien, angefangen mit derjenigen des Arius, Verwirrung säen, ist es wichtig, daß der Bischof die richtige Lehre vertritt, nämlich die der Apostel. Die Begeisterung, die das Volk über Martin an den Tag legt, stammt daher, daß es in Martin eine echte Heiligkeit erkannt hat, und gleichzeitig die klare Linie, die er der strengen Schule des Hilarius verdankt. Im übrigen bestätigt das Bischofskollegium die Wahl des Volkes.

Diese Volksbewegung kündigt zudem eine Zeit an, in der die Rolle des Bischofs umfassender werden wird. Um diese Jahrhundertwende beginnt nämlich der imposante Apparat der kaiserlichen Verwaltung allmählich zu zerfallen. Wie wir bereits sahen, hatte Diokletian gemeint, er könne das gewaltige Imperium aufrechterhalten, indem er die Autorität auf zwei Herrscher, zwei Cäsaren aufteilte. Damit kündigte sich bereits die Spaltung an, die dann das Westreich vom Ostreich trennen sollte. Konstantin vereinigte sie wieder unter seiner Herrschaft, aber diese Wiederherstellung hielt nicht lange. Bei seinem Tod 337 teilen sich nicht nur zwei, sondern sogar drei Söhne das Reich. Von da an erklärte sich bald der eine, bald der andere zum Alleinherrscher des Reiches: Konstantius 351, Julian der Abtrünnige zehn Jahre später. Theodosius, zunächst Kaiser des Ostreichs (378), erklärt sich wiederum zum Alleinherrscher, aber erst kurz vor seinem Tod (395). Dann dauert es nur noch wenige Jahre, und die Barbaren erobern Rom. Im Jahr 410 bricht infolge der Feldzüge des Alarich das Imperium zusammen, und es ist nur noch eine Frage der Zeit, bis 476 der letzte „römische Kaiser", der sich – historisch gesehen – ironischerweise ausgerechnet Romulus Augustulus nennt, abgesetzt wird. Die Barbaren haben endgültig die römische Welt besiegt, und es bedurfte nicht weniger als des ungeheuren Talents und der Tiefe der Reflexion des heiligen Augustinus, um die christliche Welt so weit zu bringen, daß sie mit diesem Zerrinnen ihrer Hoffnung auf ein irdisches christliches Reich fertig wurde.

Praktisch gesehen wirkten sich diese schubweisen Erschütterungen so aus, daß jene solide römische Verwaltung, die man für unvergänglich gehalten hatte und die jetzt einem schwer beschädigten, lecken Schiff glich, in das unaufhaltsam Wasser eindrang, völlig verschwand. An wen sollte man sich da wenden? Wer konnte den Schutz der buchstäblich sich selbst überlassenen Massen übernehmen? Es stellte sich heraus, daß einzig noch die Hierarchie der Kirche stabil blieb. Der Einfluß der weltlichen Macht, die für die Kirche im 4. Jahrhundert, zur Zeit der arianischen Krise, so bedrohlich gewesen war, als die Kaiser bald die häretischen Bischöfe, bald die rechtgläubigen ins Exil verbannt hatten, war dahin. Eine Zeitlang konnte man glauben, ganz Europa werde arianisch werden, weil die Ost- und Westgoten und die Wandalen für den Arianismus gewonnen worden waren. Da beschließt Chlodwig, der Häuptling des einzigen Invasorenvolkes, das heidnisch geblieben ist, nämlich der Franken, sich auf den katholischen Glauben taufen zu lassen. Aus diesem Grunde erhält diese Taufe, die wahrscheinlich am Weihnachtstag des Jahres 496 oder vielleicht auch 499 stattgefunden hat, ihre ungemeine Bedeutung, und die dem Glauben an die Dreifaltigkeit treu gebliebenen Bischöfe werden Frankreich den Beinamen „die älteste Tochter der Kirche" geben.

Aus dem Abstand der Geschichte können wir alle diese Ereignisse in frappierender Analogie zur Weihe des heiligen Martin sehen. Er tritt genau in einer Wendezeit auf; wir sehen das Volk sich um seinen Bischof scharen, wie das in der Folge ganz typisch für den Episkopat des Sidonius Apollinaris sein wird, und sogar viel später für einen Bischof von Paris wie Gozlin, der gegen die Normannen kämpft ...

Mit anderen Worten, der Bischof wird eine wichtige Persönlichkeit in der Stadt. Er ist nicht auf der Stelle eine offizielle Instanz, aber er ist jemand, an den man sich wendet, weil nur er über eine Stimme verfügt, die sich Gehör zu schaffen vermag und die Schwachen verteidigen kann. Das fällt mit dem Zeitpunkt zusammen, an dem die Stadt christlich wird. Seit 325 ist der Sonntag der offizielle Feiertag; die heidnischen Feste werden nicht mehr offiziell gefeiert. Von ihnen bleibt nur noch das Datum des 1. Januar übrig. Außerdem werden noch die Jahrtage der Kaiser in den Gebieten gefeiert, in denen sie anerkannt werden.

Zur selben Zeit werden die Gladiatorenkämpfe immer seltener; schließlich hören sie ganz auf. Theoretisch wurden sie bereits 325 verboten, aber faktisch hat es sie fast noch ein Jahrhundert lang gegeben. Die Kämpfe gegen Menschen werden ersetzt durch Kämpfe gegen wilde Tiere; und dann tritt an die Stelle der Gewaltanwendung die Dressur, wie wir sie noch heute im Zirkus erleben können. Erst im 19. Jahrhundert taucht die Brutalität in Form der Boxwettkämpfe wieder auf.

Schon sehr früh beginnen die Bischöfe sich um den Freikauf der Sklaven zu bemühen. Abgesehen von Freilassungen im großen Stil, wie sie Melania, die Frau des Bischofs Pinian, oder Paulinus von Nola geübt haben, sei an die Möglichkeiten zur Freilassung von Sklaven erinnert, die die Bischöfe angeboten haben: Eine einfache Erklärung vor dem Bischof genügte zur Freilassung, und diese hatte offizielle Gültigkeit. Ebenso hat man dahin gearbeitet, die Behandlung der Gefangenen zu mildern. Es wurde darauf hingewiesen[2], daß im Codex des Theodosius sieben Gesetze stehen, die nach und nach im Zeitraum von 320 bis 409 erlassen wurden. Das erste verbietet den Gefängniswärtern, die Gefangenen verhungern zu lassen; das letzte schreibt ihnen vor, ihnen ein Bad zu gestatten, „einmal pro Woche, und zwar sonntags".

In der Folge kann man vielfältige Bemühungen beobachten, das Los der Unglücklichsten zu mildern. In erster Linie muß dabei die Initiative jener Fabiola genannt werden, von der der heilige Hieronymus berichtet: Sie ist sozusagen die „Erfinderin" des Krankenhauses, des *nosoko-*

[2] J. Daniélou et H. Marrou, *Nouvelle histoire de l'Eglise*, Paris 1927 Bd.I, 383

mion, also eines Hauses, in dem man die Kranken pflegte – einer jener Errungenschaften, die glücklicherweise alle Jahrhunderte überstehen sollten; jedermann sieht ja, welche Rolle Krankenhäuser in unserer heutigen Welt spielen. In derselben Zeit eröffnete der Senator Pammachius, ebenfalls ein zum Christentum Konvertierter, am Rand von Ostia ein Hospiz für Pilger, ein *xenodochium*, in das er alle aufnahm, die erschöpft oder krank im Hafen von Rom ankamen. Damals fing man an, Pilgerschaften dorthin zu unternehmen. In der Ostkirche hatte bereits gegen 372, wie wir gesehen haben, Basilius in Cäsarea in Kappadokien ein „Haus der Armen" eingerichtet.

In dieser Zeit entsteht also eine ganze Reihe von Einrichtungen, die heute ganz selbstverständlich zur Vorstellung von einem zivilisierten Staat gehören. Es schadet nichts, gelegentlich daran zu erinnern, daß sie ihren Ursprung der Kirche verdanken, und daß sich in der Kirche gleich in der ersten Zeit nach ihrer Befreiung immer mehr Initiativen regen, um Krankheit, Gebrechen und andere Übel, die die Menschen plagen, zu bekämpfen.

In diesem an Initiativen und Aussichten so reichen Jahrhundert sollte sich noch ein weiteres Merkmal der Zivilisation entwickeln: das Pilgern. Merken wir hier an, daß im Unterschied zu dem, was sich einige Jahrhunderte später im Islam entwickelt, das Pilgern in der christlichen Religion keinen rituellen Akt darstellt; es hat nicht einmal einen Platz in der Liturgie. Allerdings übt es eine große Anziehungskraft aus; seine künftige Bedeutung für die Entwicklung jener Kultur und Zivilisation, die wir als die „mittelalterliche" bezeichnen, ahnt man damals noch gar nicht. Eines Tages wird man beobachten können, wie sich die Menschen in großen Scharen auf den Weg machen. Das führt zu unerwartetem Sich-Begegnen und Austauschen quer durch Europa; an den Zwischenstationen entstehen überall Hospize, ja sogar Kirchen, und die großen Fernreisewege werden entsprechend umgeleitet. So wird zum

Beispiel in Westfrankreich für alle, die nach Compostela wandern, sozusagen für alle Zeiten ein fester Jakobus-Pilgerweg eingerichtet.

Im 4. Jahrhundert entsteht und entfaltet sich also das Pilgerwesen. In der jüdischen Religion war das Pilgern vorgeschrieben, und zwar nach Jerusalem zur jährlichen Feier des Osterfestes; aber das mittelalterliche Pilgern nimmt einen ganz anderen Charakter an. Die Menschen beginnen den einen oder anderen heiligen Ort aufzusuchen, also Rom oder Jerusalem und ab dem 7. oder 8. Jahrhundert dann das mutmaßliche Grab des heiligen Apostels Jakobus zu Compostela. Doch schon ab dem 4. Jahrhundert reist man zu den heiligen Stätten in Palästina, etwa zum Kalvarienberg, sowie zu den Orten des biblischen Altertums, um in Hebron Abrahams zu gedenken, auf dem Sinai Mose zu feiern, oder gelegentlich auch, um Persönlichkeiten aufzusuchen, die man verehrt, wie etwa den Eremiten Antonius in der Wüste oder den heiligen Pachomius, der das Zönobitenleben gegründet und alle um sich gesammelt hat, die mit ihm zusammen ein asketisches Leben führen wollen.

Vom Pilgern, wie es im 4. Jahrhundert entstanden ist, besitzen wir ein Reisetagebuch, das eine Fahrt im Jahr 333 von Bordeaux bis Jerusalem beschreibt, und vor allem dann einen sehr berühmt gewordenen Bericht, der zuerst als *Peregrinatio Silviae* und dann als *Peregrinatio Etheriae* bezeichnet worden ist[3]. Es handelt sich um den Tatsachenbericht von der Pilgerreise einer Frau, zweifellos einer Nonne, die sich vermutlich gegen Ende des 4. Jahrhunderts (man hat das Datum 395 vorgeschlagen) auf den Weg nach Jerusalem gemacht hat. Die moderne kritische Wissenschaft hat jener Frau, die einen regelrechten Reisebericht verfaßt hat, den ältesten dieser Gattung, den Namen „Egeria" gegeben. Ganz durchdrungen von ihrer Leidenschaft

[3] Kritische Ausgabe: E. Franceschini u. R. Weber, *Itinerarium Egeriae*, Corpus Christianorum, Series latina Bd. 175, Brepols (Belgien) 1965

für die Bibel, besteigt sie den Berg Horeb, um die Stelle des brennenden Dornbuschs zu sehen, trinkt aus einer Quelle, von der sie glaubt, es handle sich um die, welche Mose habe aus dem Felsen entspringen lassen, und sie findet eine Fülle von Bezügen zum Alten wie zum Neuen Testament. Schon allein dieser Bericht würde genügen, um bei Bedarf zu zeigen, daß sich die Frauen zumindest genauso zahlreich wie die Männer auf die Pilgerwege begeben haben, und das seit der Spätantike.

Im übrigen sei noch darauf hingewiesen, daß wir einer Frau, der Mutter des Kaisers Konstantin, das Suchen und Auffinden des Kreuzes Christi verdanken, des wesentlichen Objekts der Verehrung, das die Pilger nach Jerusalem zieht. Sie begab sich als Siebzigjährige 325 in die heilige Stadt. Man weiß, daß während der römischen Besatzungszeit an der Stelle des Grabes Christi ein Venustempel errichtet worden war. Ein in der Kathedrale von Vercelli in Italien erhaltenes Manuskript aus dem 8. Jahrhundert beschreibt, wie die Königin bei Ausgrabungen, die sie mit Hilfe eines konvertierten Juden, der übrigens Judas hieß, an der Stelle des Kalvarienberges vornehmen ließ, drei Kreuze auffand. Diese Auffindung wird am 14. September gefeiert (dem „Fest der Kreuzerhöhung", wie es heute genannt wird, weil damals das Kreuz wieder ausgegraben und aufgestellt, „erhöht", wurde). An dieser Stelle wurde eine Basilika errichtet und am 14. September 335 eingeweiht – also zu Lebzeiten des heiligen Martin. Diese Basilika war zu seiner Zeit das Endziel der Pilgerreisen nach Jerusalem.

IV
Der Bischof in seiner Diözese

Von dem Augenblick an, wo Martin Bischof von Tours wird, berichtet Sulpicius Severus in einer Fülle von Anekdoten. Martin hat zwar in keiner Weise die Autorität gesucht, ja hat sein Bischofsamt erst angenommen, als man ihn geradezu in einen Hinterhalt gelockt hatte; aber sobald er dieses Amt innehat, nimmt er auch voll seine Autorität wahr. Es ist beeindruckend, wenn man sieht, mit welchem Eifer er alsbald versucht, die Frömmigkeit seiner Gläubigen zu schulen, indem er energisch gegen alle Irrtümer einschreitet, die sie vom rechten Weg abbringen könnten.

Fangen wir mit den historischen Irrtümern an. Es ist bezeichnend, daß er zunächst gegen eine Tradition vorgeht, die man für ehrwürdig hielt, aber die dennoch eine falsche Tradition war:

„Es gab unweit der Stadt ... einen Ort, der im Urteil des Volkes als heilig galt, weil dort angeblich Martyrer bestattet lägen. Ja, dort befand sich sogar ein Altar, von dem es hieß, er sei von einem Vorgänger im Bischofsamt errichtet worden. Aber Martin schenkte einer ungewissen Überlieferung keinen Glauben und verlangte hartnäckig von den ältesten Priestern und Klerikern, sie sollten ihm den Namen des betreffenden Martyrers und das Datum seiner Passion nennen. Es stellte sich heraus, daß an dieser Überlieferung nichts Greifbares war." In der damaligen Zeit war also der Wunsch, Martyrer zu verehren, oft stärker als der Wunsch, etwas Genaues über sie zu wissen.

Weit davon entfernt, ohne weiteres die Verehrung zu

übernehmen, mit der die Gläubigen das besagte Grab umgaben, bleibt Martin skeptisch. In seinen Augen erfordert der Kult der Martyrer mehr als irgendeine Geschichte vom Hörensagen. Man kann dieses Wahrheitsbedürfnis Martins nur begrüßen; allzuoft haben im Lauf der Zeit viele Menschen, mochten sie religiös sein oder nicht, diese Nüchternheit gegenüber Reliquien und den merkwürdigsten Erzählungen sträflich vernachlässigt. Geben wir wieder dem Biographen Martins das Wort: „Er vermied es also angesichts der Ungewißheit, in der er sich befand, einige Zeit, an diesen Ort zu gehen, schaffte den Kult jedoch nicht ab und billigte ihn auch nicht kraft seiner Autorität, denn er wollte vermeiden, daß sich diese abergläubische Praxis noch verstärkte. Eines Tages jedoch begab er sich dorthin und nahm einige Brüder mit. Dann stellte er sich aufrecht vor das Grab hin und betete zu Gott, er solle ihm anzeigen, wer an diesem Ort begraben liege und worin seine Verdienste bestünden." Im Bericht heißt es dann, daß er hierauf „einen schrecklichen, wütenden finsteren Schatten vor sich aufsteigen sah". Es handelte sich um einen Räuber, der vor Jahren wegen seiner Vergehen hingerichtet worden war. Die Menge hatte ihn zu Unrecht verehrt, denn mit den Martyrern hatte dieser Mensch ganz und gar nichts gemein. Die Menschen, die Martin umgaben, hörten zwar eine Stimme, sahen aber nichts. „Da erzählte Martin allen, was er gesehen hatte und ließ den bislang an dieser Stelle befindlichen Altar abbrechen, und so befreite er das Volk vom Irrtum dieses Aberglaubens."

Es ist eindrucksvoll, diesen Bericht in den Anfängen seines Bischofsamts zu finden; ja, es handelt sich um seine erste Tat, die uns berichtet wird, nachdem er zu Tours installiert worden war. Es ist nicht ohne Bedeutung, daß zu Beginn seines Wirkens diese Maßnahme steht, der Wahrheit zu ihrem Recht zu verhelfen. Offensichtlich hatte Martin einen ausgeprägten Sinn für Geschichte, die jedoch nur dann von Bedeutung ist, wenn sie auf Wahrheit und

Tatsachen gründet. Allzuoft haben sich schon Frömmigkeit und Aberglauben vermischt, und das nicht nur zur Zeit Martins. Daher sei hier ausdrücklich sein Sinn für das historisch Richtige hervorgehoben, der unerläßlich ist, um das Wahre vom Falschen zu trennen.

Merken wir hier an, daß, zumal in seiner Zeit, eine ähnliche Wachsamkeit in religiöser Hinsicht geboten war. Die Menge ist noch heidnisch, zumindest in ihren Gewohnheiten und spontanen Verhaltensweisen, und Martin wird seine ganze Kraft daran setzen, die Menschen dazu anzuleiten, die Wahrheit vom Irrtum zu unterscheiden. Das wird er vor allem auf dem Gebiet der Religion tun, indem er die Götzenbilder bekämpft und die Götzendienerei entmystifiziert.

Sulpicius Severus kommt wiederholt auf seine ständigen Bemühungen um Entmystifizierung zurück. Die Masse war immer noch heidnisch; die Tempel, die die Römer oder die römischen Gallier hatten errichten lassen, standen noch. Immer wenn er dazu Gelegenheit hat, zerstört Martin diese Tempel und die Statuen, die sie zieren. Das geht nicht immer ohne Konflikte ab. Typisch dafür sind die Ereignisse in Levroux (im Indre, unweit von Châtillon). Dort gab es einen heidnischen Tempel, „den die falsche Religion überaus reich ausgestattet hatte". Martin redet den Einwohnern von Levroux zu, ihn zu zerstören; aber, so erzählt Sulpicius Severus, „die Menge der Heiden leistete derartigen Widerstand, daß er zurückgedrängt wurde, wobei es zu Gewalttätigkeiten kam". Martin wollte sich nicht um jeden Preis durchsetzen, sondern wandte sein gewohntes Verfahren an: das Gebet. Er zog sich zurück und verbrachte drei Tage, „mit einem härenen Gewand bekleidet und mit Asche bestreut, fastend und ununterbrochen betend. So wandte er sich in inständigem Gebet an Gott. Da", so schreibt sein Biograph weiter, „kamen zu ihm zwei mit Lanzen und Schilden bewaffnete Engel, anzusehen wie eine himmlische Eskorte; sie sagten ihm, sie seien von Gott gesandt, um die Menge der Heiden zu zerstreuen und ihn zu beschützen, damit er keinerlei Widerstand finde, während er den Tempel zerstöre."

Martin kehrte also in das Dorf zurück und begann, die Statuen und Altäre des, wie Sulpicius Severus es nennt, „gottlosen Bauwerks" niederzureißen. Die Volksmenge schaute ihm dabei zu, ohne sich zu rühren; niemand griff ihn an; man ließ ihn sein Zerstörungswerk verrichten. „Die Heiden begriffen, daß sie eine göttliche Macht mit Erstarrung und Panik geschlagen hatte, um sie daran zu hindern, gewaltsam dem Bischof Widerstand zu leisten." Und sie kamen zu dem offensichtlich etwas einfältigen, aber der Massenpsychologie entsprechenden Schluß, daß es richtiger sei, statt der Götzen den Gott Martins anzubeten; denn die Götzen hatten sich als unfähig erwiesen, sich selbst zu verteidigen.

Diese Begebenheit hat sich gewiß öfter auf ähnliche Weise wiederholt. Charakteristisch für Martin ist dabei, daß er nicht in seiner Bischofsstadt bleibt und darauf wartet, bis die Heiden der Umgebung zu ihm kommen, sondern daß er sie selbst aufsucht. Und, so führt sein Biograph weiter aus, „dort, wo er die heidnischen Heiligtümer zerstört hatte, baute er unverzüglich Kirchen oder Einsiedeleien". Diese heidnischen Heiligtümer hatten sich vor allem während der Jahrhunderte der römischen Besatzungszeit vermehrt. Die Gallier hatten mühelos etliche der Gottheiten der römischen Religion übernommen. Zum Beispiel hatte der Kult des Merkur, den die Römer öffentlich zum Zweck der Kolonisierung praktizierten, zur Entstehung zahlreicher neuer Tempel und Statuen geführt. Für Martin wie für die Christen ganz allgemein war es wichtig, die Andenken an den Götzenkult, den sie ablehnten, vom Erdboden verschwinden zu lassen. Aber in vielen Fällen war die Bevölkerung durchaus nicht damit einverstanden, daß sie in ihrem Eifer diese Heiligtümer zerstörten, in die zu gehen man von alters her gewohnt war, um offizielle Zeremonien abzuhalten.

Einige der Wundertaten, die bei solchen Anlässen das Wirken Martins begleitet haben, sind berühmt geworden. So hat er zum Beispiel „in einem gewissen Dorf an ein heidnisches Heiligtum, das sehr alt und viel besucht war", Feuer gelegt. So wird das in der Biographie ausgedrückt, die nicht immer die präzisen Angaben enthält, die wir heute gern erfahren würden. Das Feuer drohte jedoch auf die benachbarten Häuser überzugreifen, so daß, wie es im Bericht weiter heißt, „Martin, sobald er das merkte, eiligst hinzulief, auf das Dach des Hauses stieg und sich den Flammen, die es bedrohten, entgegenstellte. Und siehe da, ein außergewöhnliches Schauspiel hob an: Man konnte sehen, wie das Feuer, obwohl es gewaltig emporschlug, gegen den Wind loderte, so daß sozusagen die Elemente gegeneinander zu kämpfen anfingen." Das Wort Martins und seine Geste bezwang die Elemente: „Das Feuer vollbrachte nur dort sein Werk, wo er ihm Befehl gegeben hatte, zu brennen." Das war offensichtlich ein Schauspiel, das dazu geeignet war, die Gemüter tief zu beeindrucken.

In anderen Fällen mußte Martin ganz persönliche Angriffe überstehen. Das geschah zum Beispiel eines Tages „in einem Kanton des Landes der Häduer". In dem Augenblick, als Martin mit dem Zerstören des Tempels anfing, erzählt Sulpicius Severus mit seiner üblichen mangelhaften Präzision, „wandte sich die Masse der Heiden wutentbrannt gegen ihn. Einer von ihnen, der mutiger als die anderen war, hatte das Schwert gezogen und versuchte, ihn damit zu treffen. Da warf Martin seinen Mantel von sich und bot ihm seinen entblößten Nacken zum Hieb dar. Der Heide zögerte nicht zuzuschlagen, aber er hatte seine rechte Hand zu hoch erhoben, stolperte nach rückwärts und stürzte, von der Furcht Gottes geschlagen, zu Boden und bat um Gnade."

Nicht weniger eindrucksvoll ist die Begebenheit zu Amboise, die sich anscheinend in der Anfangszeit seines Apostolats abgespielt hat. „Im *vicus Ambatiensis* (Dorf Amboise)", erzählt Sulpicius Severus *(Dialoge 3, 8)* und erläutert genauer: „dem alten Schloß, das jetzt von zahlreichen Mönchen bewohnt wird, befand sich das Heiligtum eines Götzen, ein großartiges Bauwerk. Es handelte sich um einen riesigen Turm aus wohlgehauenen, polierten Steinen, der sich sehr hoch erhob und konisch zuspitzte. Die Schönheit des Bauwerks gab dort Anlaß zu abergläubischen Vorstellungen." Es handelte sich bestimmt um einen römischen Tempel. „Der selige Martin", so fährt der Erzähler fort, „hatte schon oft dem Marcellus, dem Priester der Gegend, den Auftrag gegeben, dieses Bauwerk zu zerstören. Als er nach einiger Zeit wieder dorthin kam, tadelte der Bischof den Priester, weil er dieses Götzenheiligtum immer noch unangetastet gelassen habe. Der Priester gab als Entschuldigung vor, selbst Soldaten oder eine große Anzahl Arbeiter im Dienst der öffentlichen Behörden würden es kaum schaffen, ein so gewaltiges Bauwerk abzubrechen; deshalb solle er nicht glauben, schwache Kleriker oder Mönche von mäßiger Gesundheit seien imstande, das so leicht in die Tat umzusetzen. Da nahm Martin zu seinen wohlbekannten Waffen Zuflucht: Er verbrachte die ganze Nacht im Gebet. Gegen Morgen hob ein derartiger Sturm an, daß er den Götzentempel bis auf die Grundmauern umriß. Für das, was ich hier erzähle", beeilt sich Sulpicius zu betonen, „kann ich Marcellus als Zeugen anführen."

Um seine Zuhörer gründlich davon zu überzeugen, fügt er einen weiteren Bericht ähnlichen Inhalts an. Bei dieser Erzählung, so sagt er, könne er sich auf das Zeugnis seines Freundes Refrigerius berufen: „Es gab dort eine Säule von gewaltigem Ausmaß, die größer war als ein Götzenbild. Martin hatte vor, sie umzustürzen, aber er verfügte über keinerlei Gerät, um dieses Vorhaben ins Werk zu setzen. Da begab er sich seiner Gewohnheit gemäß ans Gebet. Nach einiger Zeit sah man – das ist sicher überliefert – eine Art Säule, die ungefähr genau so groß war wie die fragliche, vom Himmel fallen, die Heidensäule zerschmettern und diese gewaltige Masse unbezwingbarer Steine zu Staub zermalmen." Und der Erzähler schließt daraus: „Zweifellos war es zu wenig, daß Martin sich auf unsichtbare Weise der Kräfte des Himmels bediente. Den Menschen mußte auch noch sichtbar vor Augen geführt werden, daß Martin diese Mächte des Himmels zu Dienste standen."

Diese Berichte machen uns einen Zug der Evangelisation im 4. Jahrhundert deutlich: Es ging darum, auf ziemlich materielle, handgreifliche Weise den Menschen die Macht Gottes vor Augen zu führen, indem man die Götzenbilder abschaffte, denen sich die Menschen bislang gutgläubig anvertraut hatten.

So wurde Martin, wenn er sich als Zerstörer betätigte, von der Kraft Gottes beschützt. Eines Tages wollte man ihm einen Messerstich versetzen, während er gegen die Götzenbilder vorging, aber, so heißt es im Bericht, „den Händen des Angreifers wurde die Waffe entrissen, und sie verschwand in dem Augenblick spurlos, wo er zustach".

Alle diese Anekdoten, die uns Martin im Konflikt mit einer heidnisch gebliebenen Volksmenge zeigen, wobei er von seiner inneren Kraft beschützt wird, offenbaren uns Wesenszüge seiner Tätigkeit als Bischof. Im Gallien des 4. Jahrhunderts hat sich bis dahin die Evangelisation im wesentlichen in den Städten abgespielt. Die Städte sind zur damaligen Zeit das Zentrum aller Aktivitäten, die Knotenpunkte der Verwaltung und Zivilisation. Befindet sich dort eine bestimmte Anzahl Christen, so wird für sie ein Bischof ernannt, der mit seinem Gefolge von Priestern und Diakonen das religiöse Leben vor Ort gewährleistet. Wir haben gesehen, daß in Tours erst ziemlich spät ein Bischof ernannt worden ist, denn Martin hatte erst zwei Vorgänger, Gatian und Lidorius.

Was aber tut Martin? Er geht hinaus in die Umgebung, auf das flache Land; dort trifft er auf die heidnische Menge, und dort gibt es noch die den Götzen geweihten Tempel. Mag in den Städten die christliche Liturgie gefeiert werden, auf dem Land jedenfalls gibt es das noch kaum. Angesichts des feindseligen Widerstands, den Martin findet, kann man verstehen, daß er unverzüglich weit mehr tut als sonst ein Bischof. Die Evangelisation führt ihn sogar weit fort von seiner Diözese, sei es nach Levroux oder in den Kanton, der nicht genauer bezeichnet wird, aber zum „Land der Häduer" gehört, also zur Bevölkerung zwischen Saône und Loire, die im Umkreis der Hochebene von Autun lebt. Schon mit seinen ersten Taten greift Martin also weit über seine „Diözese" hinaus. Genau das wird typisch für sein Wirken: Unablässig durchstreift er die *pagi*, die Landstriche, die heidnischen Gegenden, die abseits jener großen Verbindungswege liegen, welche gleichzeitig die Hauptstraßen der Evangelisation waren.

So sieht man ihn nicht nur im Konflikt mit diesen Heiligtümern – bescheidenen kleinen Tempeln, die mit jenen Statuen ausgeschmückt waren, die den Römern so gefielen –, sondern er greift auch den Kern dessen an, was von der keltischen Religion, die den Galliern kostbar ist, noch intakt ist. Inzwischen ist genauer bekannt, daß die Kelten weniger Jupiter, Juno oder Minerva anbeteten, sondern eine Religion pflegten, die auf die Naturkräfte ausgerichtet war. Sie verehrten die Quellen und Bäume; mit anderen Worten, Lebensäußerungen wie das quellende Wasser oder den Saft, der in den Bäumen fließt. In den Augen Martins bleibt diese Verehrung des Lebens ungenügend; offensichtlich versucht er, die Menschen vom Animismus zur Wahrnehmung eines transzendenten Lebens hinzuführen. Die folgende Geschichte von der Kiefer veranschaulicht diesen Versuch.

Eines Tages griff Martin in einem Dorf, dessen Namen der Erzähler seiner bedauerlichen Gewohnheit gemäß nicht angibt (er sagt nur: „in einem gewissen Dorf"), ein religiöses Denkmal an, das als „uralt" bezeichnet wird: eine Kiefer, die sich im übrigen ganz in der Nähe eines noch immer besuchten Heiligtums befinden muß, denn im Bericht ist vom „Priester dieses Ortes" die Rede. Es kann sich tatsächlich um ein Heiligtum der Kybele handeln, der Göttin-Mutter, deren Kult im nach und nach christianisierten Reich noch lange fortbestanden hat. Man hat im Lauf der Grabungen im Vatikan eine ganze Anzahl von Altären vom Ende des 4. Jahrhunderts, die der Göttin-Mutter geweiht waren, aufgefunden. Das heißt, dieser Kult hatte sich mit demjenigen der heiligen Bäume vermischt, der den Kelten so teuer war. Von der Landbevölkerung heißt es bezeichnenderweise, sie habe untätig der Zerstörung ihres Tempels zugeschaut, sei aber unverzüglich in Erregung geraten, als Martin die Kiefer angegriffen habe. Der Bericht sagt das ausdrücklich: „Diese selben Leute, die sich dank Gottes Fügung nicht gerührt hatten, als ihr Tempel niedergerissen wurde, ertrugen es nicht, daß man den Baum umhauen wollte." Bei dieser Anhänglichkeit an den heiligen Baum offenbart sich, was dem gallischen religiösen Empfinden am kostbarsten war.

Aber Martin macht sich unbeirrbar ans Werk und greift dieses Symbol des eingefleischten Animismus, der die Landbevölkerung seiner Umgebung noch erfüllt, energisch an. Einer aus der Menge tritt daraufhin mit einer Wette an ihn heran: „Wenn du tatsächlich auf diesen Gott vertraust, von dem du behauptest, ihn anzubeten, dann fällen wir eigenhändig diesen Baum, aber du mußt dich genau dorthin stellen, wo er niederfällt. Und wenn der Gott, der angeblich der deine ist, dir beisteht, wird er dich nicht erschlagen." Martin akzeptiert diese außergewöhnliche Wette, und von da an beschreibt uns der Bericht ganz genau, was sich unter den Augen zweier Parteien abspielt: einerseits der heidnischen Volksmenge, andererseits der Mönche in Martins Begleitung, die ihn immer auf diesen missionarischen Expeditionen begleiten mußten. Es heißt im Bericht weiter: „Als sich die Kiefer nach einer Seite neigte, so daß kein Zweifel mehr bestand, wohin sie schließlich beim Fällen stürzen würde, stellte man Martin genau an diese Stelle und band ihn auf Verlangen der Landleute dort fest. Dann machten sie sich mit größtem Vergnügen, ja geradezu mit

Jubel ans Werk, eigenhändig vollends ihre Kiefer zu fällen. Die staunende Zuschauermenge hielt sich abseits; da begann die Kiefer schon immer stärker zu wanken und drohte zu stürzen. Die abseits stehenden Mönche erbleichten vor Angst angesichts der drohenden Gefahr; sie hatten jede Hoffnung und jeden Glauben verloren und warteten nur noch, bis Martin erschlagen würde. Aber dieser wartete unerschütterlich im Vertrauen auf Gott den Ausgang des Unternehmens ab. Die Kiefer hatte bereits gewankt und dabei laut gekracht; schon fiel sie, schon stürzte sie auf ihn – da streckte Martin dem Stamm seine Hand entgegen und wehrte ihn mit dem Zeichen des Heils ab. Und siehe da: Man hätte glauben können, eine Art Orkan drücke den Baum in die entgegengesetzte Richtung, und er stürzte auf die gegenüberliegende Seite, so daß er beinahe die Landleute erschlagen hätte, die dort standen und geglaubt hatten, an einer sicheren Stelle zu stehen."

Das Wunder ist öffentlich und offensichtlich. Es wird sich übrigens gründlich ins Gedächtnis einprägen, und von da an wird man, wenn die Rede auf Martin kommt, fast genau so oft von diesem Fällen der Kiefer erzählen wie davon, daß er mit dem Bettler seinen Mantel geteilt hat. Die Wirkung auf alle Umstehenden ist umwerfend: „Lautes Rufen schallt zum Himmel, und die Heiden sind starr vor Staunen; die Mönche weinen vor Freude, und alle rufen einhellig den Namen Christi aus. Offensichtlich ist an diesem Tag das Heil in dieses Land gekommen; denn es gab in dieser großen Schar von Heiden kaum einen, der sich nicht die Hände auflegen lassen wollte und seinen Irrtum aufgab, um an den Herrn Jesus zu glauben. Tatsächlich hatten in diesem Landstrich vor Martins Kommen nur sehr wenige, ja fast niemand den Glauben an Christus angenommen."

Das ist ein absolutes Wunder; zugleich ist es der Inbegriff dessen, wozu Martin gesandt ist, und darum durchstreift er in der Folge immer neue Gegenden. Er ist unermüdlich damit beschäftigt, den kleinen Leuten den Glauben zu predigen und die aufzusuchen, die nie in die Stadt kommen.

Vom Apostolat des Martin kann man zusammenfassend sagen, er habe dafür nicht die römische, sondern die gallische Vorgehensweise gewählt. Dadurch bekehrt er die Volksmengen, entreißt sie dem Animismus, der sozusagen die ganz natürliche Religion des ländlichen Menschen ist. Zweifellos ist das der wichtigste Bereich seines gesamten Wirkens. Martin entfaltet darin einen unerschöpflichen Eifer. Er wird buchstäblich immer auf dem Weg sein, und es ist bezeichnend, daß das französische Wort für „Weg", „chemin", von einem keltischen Begriff abstammt – übrigens genau wie zahlreiche andere französische Begriffe aus dem ländlichen Leben gallisch geblieben sind: rucher (Bienenstock), arpent (Morgen, als Flächenmaß), charrue (Pflug) usw. Ebenso entstammen die geographischen Bezeichnungen in Frankreich weithin dem Gallischen, denn alle Flußnamen und der größte Teil der Städtenamen sind von ursprünglich keltischen Namen abgeleitet.

Unter Martins Begegnungen mit der Landbevölkerung muß übrigens eine noch besonders erwähnt werden, weil sie einen guten Schuß Komik enthält; dabei hat Martin nämlich infolge eines Irrtums versehentlich ein Wunder gewirkt. Es lohnt sich, die Geschichte im vollen Wortlaut ihrer Überlieferung zu zitieren:

„In der Folge begab es sich, daß er weiterzog und auf einen Leichenzug traf. Der Leichnam eines Heiden wurde zu Grabe getragen, und das Gefolge vollzog eine Menge abergläubischer Riten. Als er von weitem sah, daß ihm eine Menschenmenge entgegenkam, und er nicht wußte, was das sein sollte, blieb er kurz stehen. Er war noch ungefähr fünfhundert Schritte entfernt, und er konnte noch nicht genau erkennen, was da vor sich ging. Doch da er sah, daß es sich um eine Schar Heiden handelte und der Wind die Enden des Leichentuchs flattern ließ, das man über den Leichnam gelegt hatte, glaubte er, es handle sich um heidnische heilige Zeremonien. Denn", so erläutet Sulpicius

Severus, „bei den heidnischen Landleuten in ihrer elenden Verirrung gab es den Brauch, dämonische Götzenbilder in Prozession über ihre Fluren zu tragen, und diese Bilder wurden dabei von einem makellosen Schleier verhüllt. Er hob also den ihm Entgegenkommenden das Zeichen des Kreuzes entgegen, gebot der Menge, sich nicht mehr zu rühren und ihre Last abzustellen. Doch da konnte man etwas Außergewöhnliches sehen: Die Elenden wurden zunächst starr wie Felsen; als sie dann mit äußerster Anstrengung versuchten, einen Schritt nach vorn zu tun, aber nicht imstande waren, sich fortzubewegen, wandten sie sich einander in einer lächerlich anzuschauenden Verdrehung zu, bis sie schließlich nicht mehr anders konnten, als zu gehorchen und die Last des Leichnams abzulegen. Sprachlos schauten sie einander an und fragten sich, ohne ein Wort herauszubringen, was ihnen da widerfahren sei. Als der Selige jedoch erkannte, daß es bei dieser Versammlung um eine Beisetzung und nicht um eine religiöse Zeremonie ging, hob er aufs neue die Hand und verlieh ihnen die Macht, weiterzugehen und den Leichnam wieder zu tragen. So hatte er sie nach seinem freien Belieben zum Anhalten zwingen und ihnen dann wieder die Erlaubnis geben können, ihres Weges weiterzugehen."

Diese amüsante Anekdote zeigt, daß Martin selbst dann, wenn er sich irrt, die Menge voll im Griff hat. Sein Biograph schließt mit dem Zusatz, selbst im Fall, wo die Landleute Martin mit Feindseligkeit begegnet seien, wenn sie gesehen hätten, daß er ihre Heiligtümer zerstörte, „besänftigte seine heilige Predigt derart die Seelen der Heiden, daß sie von der Wahrheit erleuchtet wurden und eigenhändig ihren Tempel niederrissen".

Das Zerstören des Tempels ist ja genau besehen nur die Negativseite seines Handelns. Der Tempel steht symbolisch für den Irrtum; es geht nicht nur darum, die Volksscharen dazu zu überreden, sich von jenen falschen Göttern samt der damit verbundenen Mythologie abzukehren, die die Römerherrschaft mit sich gebracht hatte. Positiv geht es darum, die Menschen über ihren Animismus hinauszuführen, der noch viel tiefer das religiöse Empfinden der Kelten geprägt hat, und sie zur Erkenntnis jener Quelle des Lebens anzuleiten, die von ganz anderer Qualität ist als die Naturkraft, die die Bäume wachsen und die Quellen sprudeln läßt. Es geht also darum, die Menschen von einer Naturreligion weg zum Schritt zu einer auf Gott ausgerichteten Religion zu bewegen.

Das Zeitalter Martins ist genau die Epoche dieses schwierigen Übergangs vom natürlichen zum spirituellen Leben.

Das ist, wiederholen wir es, der negative Teil des Lebens von Martin: derjenige, wo er die Götzenbilder angreift. Alle Zeiten haben ihre Götzenbilder; zur Zeit Martins treten sie in ihrer sichtbarsten Form auf; sie heißen noch Jupiter, Merkur oder Venus. In der Folge werden sie andere Gestalten annehmen, unter denen sie sehr viel schwieriger in ihrer Eigenschaft als Götzenbilder auszumachen sind: etwa die Gestalten von Macht, Geld oder Sex. Und die Kämpfe Martins sind ein Vorausbild der Kämpfe, die die Kirche wird führen müssen – übrigens je nach Zeitverhältnissen mit mehr oder weniger großer Deutlichkeit, Hartnäckigkeit, ja entschiedenem Willen, bis zum letzten zu gehen –, um die Götzenbilder, die immer wieder neu und in anderen Formen emporschießen, niederzuringen. Die Geschichte Martins stellt uns diesen Kampf sozusagen in seiner eindeutigsten Form vor Augen. Und immer tritt er diesen Kampf mit voller Energie an.

Während dieses Kampfes gegen die Götzenbilder begegnet er unvermeidlich auch dem, der hinter ihnen allen steht. Es ist uns einige Seiten wert, nachzuerzählen, wie Martin sich dem Teufel oder denen, die von ihm besessen waren, entgegengestellt hat. Zweifellos sind das die Begebenheiten aus seinem Leben, zu denen für unsere Zeitgenossen der Zugang am schwierigsten ist. Am besten ist es wohl, sie so zur Kenntnis zu nehmen, wie sie erzählt werden, selbst auf die Gefahr hin, daraus andere Schlußfolgerungen zu ziehen, als das sein Biograph tut.

Da ist zum Beispiel die Geschichte vom Sklaven des Tetradius. Letzterer ist eine „prokonsularische Person", heißt es in der Erzählung, was bedeutet, daß es sich um eine hochgestellte Persönlichkeit handelte, die eine wichtige Rolle in der Stadt spielte. Einer der Sklaven dieses Mannes ist von einem Dämon besessen, und Tetradius bittet den Bischof, ihm die Hand aufzulegen. Martin befiehlt, ihn zu ihm zu bringen, aber der Besessene hat gerade einen derart heftigen Anfall, daß er sich wie ein Tobsüchtiger gegen diejenigen wirft, die versuchen, ihn aus seiner Zelle herauszuholen. Schließlich bittet Tetradius Martin, er möge persönlich in sein Haus kommen, wo sich diese Zelle befindet. Der Bischof zögert: Kann er in seiner Eigenschaft als Bischof das Haus „eines Ungläubigen und Heiden" aufsuchen? Tetradius, der offensichtlich seinen Sklaven sehr schätzt, „verspricht ihm also, Christ zu werden, falls der Dämon aus seinem jungen Sklaven ausgetrieben wird", und so erfüllt Martin seine Bitte. Er begibt sich ins Haus des Tetradius, legt dem jungen Sklaven die Hände auf und verjagt den Dämon. Übergeben wir Sulpicius Severus das Wort, um den Ausgang der Geschichte zu erzählen: „Bei diesem Anblick glaubte Tetradius an den Herrn Jesus Christus und wurde auf der Stelle Katechumene; wenig später wurde er nicht nur getauft, sondern er hegte immer eine besondere Zuneigung zu Martin, den Urheber seines Heils."

Martin wird bald eine weitere Heilung derselben Art wirken, aber dieses Mal bei einem ihm gut bekannten Familienvater. Dieser berichtete, immer dann, wenn er sein Haus betrete, sehe er einen schrecklichen Dämon im Hof des Hauses, und zwar fahre er immer in die Gestalt des Küchenmeisters des Hausherrn: „Dieser Unglückliche verfiel in Tobsucht und fing an, alles kurz und klein zu schlagen, was ihm in den Weg kam." War das nun ein Tobsuchtsanfall oder ein Fall von Besessenheit – jedenfalls fliehen jedes Mal alle entsetzt vor diesem tobenden Wesen. Einzig Martin geht aufrecht auf es zu. „Der andere knurrte und fletschte die Zähne, und mit weit aufgerissenem Mund drohte er, ihn zu beißen." Da steckte ihm Martin seine Finger in den Mund: „Friß sie, wenn du kannst!" Doch der Besessene tat alles andere, als mit den Zähnen diese Finger zu zerbeißen: Er hielt den Mund weit aufgesperrt, „als habe man ihm ein glühendes Eisen in den Schlund gesteckt". Im Bericht wird noch hinzugefügt, daß der Dämon, der in diesem Menschen wohnte, nicht aus dessen Mund habe ausfahren können; deshalb sei er „durch einen Ausfluß aus dessen Bauch" entwichen. Hier wird ein Fall von Besessenheit beschrieben, den man auch als von einer inneren Krankheit verursachten Tobsuchtsanfall deuten könnte. Jedenfalls aber fand sich der Tobsüchtige geheilt.

Ein weiterer Fall von Besessenheit war der folgende. Es hatte sich das Gerücht verbreitet, die Barbaren stünden vor den Toren der Stadt und würden jeden Augenblick einbrechen. Martin war gerade, heißt es, „in der vollen Kirche", und es wird erzählt, er habe einem zufällig gerade anwesenden Besessenen befohlen, ihm offen zu sagen, ob das wahr sei. Der Mensch erklärte, zehn Dämonen hätten ihm geholfen, dieses falsche Gerücht zu verbreiten, in der Hoffnung, dadurch Martin aus seiner Stadt vertreiben zu können. So „wurde die Stadt von ihrer Angst und ihrer derzeitigen Aufregung befreit".

V
Auf Wegen und Stegen

Es ist eindrucksvoll zu sehen, wie Martin, auch nachdem er Bischof von Tours geworden ist, nichts von dem aufgibt, was ihn vom Anfang seines Daseins an vor allem beschäftigt hat: das Gebet, die Kontemplation. Als er sich noch in der Nähe von Hilarius von Poitiers befand, hatten sich Katechumenen oder Getaufte um ihn geschart, die sich sowohl von ihm als auch von seinem Gebet angezogen fühlten, und in Ligugé, an den Ufern des Clain, hatte sich eine Art Gemeinde gebildet.

Als er in Tours ist, spricht er wiederum andere Kontemplative an, Menschen, die sich zum Gebet hingezogen fühlen und sich um ihn scharen. Das geht so weit, daß daraus eine klosterähnliche Gemeinschaft wird. Er selbst sucht im Grunde genommen immer noch das Einsiedlerleben. Zunächst hat er ein zu seiner Kathedrale gehöriges kleines Häuschen bewohnt, aber da er sich zu oft von Besuchern gestört findet, die nicht alle die geistliche Suche herführt, denkt er daran, sich wie seinerzeit zu Poitiers eine etwas abseits gelegene Rückzugsmöglichkeit zu schaffen.

Schließlich findet er eine solche Einsiedelei „etliche Meilen außerhalb der Mauern der Stadt", das heißt, ungefähr so weit entfernt, wie Ligugé von Poitiers liegt. Tatsächlich hatte er in einer Schleife der Loire eine einsame Gegend entdeckt, „umgeben vom Steilhang eines hohen Berges". Sulpicius Severus erzählt uns, dieser Ort sei so abgelegen gewesen, daß er es leicht mit der Einsamkeit einer Wüste aufgenommen habe. Man kann ihn heute noch mühelos erkennen, denn es handelt sich um das nachmalige Kloster von Marmoutier, acht Kilometer von Tours entfernt, das bis heute diesen Namen trägt. Der Biograph sagt genauer, Martin habe sich eine Zelle aus Holz errichtet, aber die meisten derjenigen, die nach und nach gekommen seien, um sich ihm anzuschließen, hätten statt dessen in den vor ihnen aufragenden Steilhang eine Art Felsenhöhlen gegraben, die man noch heute sehen kann. Ausgeprägter noch als in Ligugé entsteht schließlich ein regelrechtes Kloster, ohne daß es schon als solches bezeichnet würde – nämlich noch vor der Regel des heiligen Benedikt, die dann zweihundert Jahre später von all denen übernommen wird, die ein Leben des Gebets in Gemeinschaft führen wollen.

Schließlich zählte die Gemeinschaft nach Aussage des Biographen ungefähr achtzig Jünger, und der Bericht stellt sie uns vor, wie sie ein Mönchsleben ganz von der Art führen, wie es Mönche später ganz allgemein im christlichen Europa führen werden. Niemand hat eigenen Besitz, niemand darf etwas kaufen oder verkaufen; jeder hält sich in seiner Zelle auf, aber es wird ausdrücklich gesagt, daß man sich auch zu gemeinsamem Gebet versammelt. Alle nehmen ihre Mahlzeit gemeinsam ein, „sobald die letzte Stunde des Fastens vorbei ist". Wir erfahren nicht, auf welche Uhrzeit diese Stunde angesetzt war, aber sie wird je nach Jahreszeiten und liturgischen Zeiten geschwankt haben. Es gab keinen Wein, außer für die Kranken, und es wird erzählt, die meisten hätten sich „in Kamelhaar gekleidet"; das ist für uns etwas verwunderlich, denn sollten wir uns vorstellen, daß man sich Kamelhaarstoffe aus dem Orient besorgt hat?

Auch etwas anderes ist erstaunlich: „Man übte dort keinerlei Kunst aus, ausgenommen die Arbeit des Kopierens, und auch dazu stellte man nur die Jüngeren ab; die Älteren blieben frei für das Gebet." Wir sind also noch nicht bei dem, was zum Grundprinzip der Regel des heiligen Benedikt werden wird: *ora et labora*, bete und arbeite. Das verdeutlicht uns übrigens, wie anstößig noch zur Zeit Benedikts dieses Prinzip erscheinen mußte. Körperliche Arbeit war nämlich Sache der Sklaven; für einen freien Menschen, zumal einen Intellektuellen, kam die eigenhändige Arbeit überhaupt nicht in Frage. Tatsächlich ist das im 4. Jahrhundert in der Umgebung Martins noch so: Wer sich dem Gebet widmet, arbeitet nicht. Es sollte noch fast zweihundert Jahre brauchen, bis die Gefährten Benedikts – alles Intellektuelle, die in Rom, zum Teil sogar in Athen studiert hatten – mit der Vorstellung vertraut gemacht werden konnten, daß sie eigentlich erst dann wahre Mönche seien, wenn sie selbst Hand an den Pflug legten. Das bedeutete eine gewaltige Revolution in der Geschichte der Menschheit.

Merken wir hier noch an, daß uns ein Zeugnis der Kopistenarbeit zu Marmoutier überliefert ist. Es stammt allerdings aus einer viel späteren Zeit, aus dem 9. Jahrhundert, ist also fast fünfhundert Jahre nach Martins Tod entstanden. Es ist das Evangelienmanuskript des Lothar, das zwischen 849 und 851 angefertigt wurde (lat. Mskr. 766 der Bibliothèque nationale). Darin findet sich folgender Eintrag: Ein gewisser Sigibus gibt an, er habe auf Befehl Lothars (des Bruders Karls des Kahlen) diese Evangeliensammlung schreiben lassen, „zu Ehren des heiligen Martin, in der Gemeinschaft dieses Heiligen, und sie dieser übergeben, als Zeugnis der dort geübten Kunst, damit sie ihn zu ihren Brüdern zähle und er den Segen ihrer Gebete erfahre, die sie für ihn, seine Frau und seine Nachkommen verrichteten". Die hier genannte Frau, also die Frau des Lothar, ist Hermingard; sie starb 851, woraus man schließen kann, daß das Evangeliar vor diesem Datum fertiggestellt war. Dieser Eintrag beweist, welch großen Ruf und welche großartigen Fähigkeiten die Kopisten von Marmoutier immer noch besaßen. Übrigens gibt es auch noch ein Sakramentar aus demselben Kloster (heute Mskr. Nr. 11bis der

Bibliothek von Autun), das der Abt Rainald von Marmoutier um 850 anfertigen ließ und das drei wunderbare ganzseitige Malereien enthält.

Allerdings stellt sich die Frage, wovon eigentlich diese Gemeinschaft im 4. Jahrhundert gelebt hat, denn die Arbeit der Kopisten konnte für ihren Unterhalt nicht genügen. Natürlich war der Aufwand für die Ernährung extrem niedrig. Vielleicht hatten einige der Männer, die sich den ersten Gefährten Martins angeschlossen hatten, über ein ansehnliches Vermögen verfügt, wie das bei seinem eigenen Biographen, Sulpicius Severus, der Fall war. Selbst wenn sie den Erlös aus dem Verkauf ihrer Liegenschaften an die Armen verschenkten, konnten sie doch noch etwas zurückbehalten und damit ihre Gemeinschaft unterstützen, die sich ein Leben freiwilligen Verzichts auferlegt hatte. Der Bericht sagt immerhin ausdrücklich, unter denen, die gekommen seien, um sich Martin anzuschließen, sei „eine große Zahl Adliger" gewesen.

Es berührt einen eigenartig, hier die Geburt der ersten religiösen Gemeinschaften, der ersten Klöster mitzuerleben, und unwillkürlich muß man an alle diejenigen denken, die nicht allzuviel später entstehen und sich über ganz Europa ausbreiten: die Benediktiner der Frühzeit und alle, die immer neue Reformbewegungen auslösen, etwa die von Cluny und Cîteaux, und die eine Fülle von Bauwerken erstehen lassen, alle diese herrlichen Werke der romanischen und gotischen Baukunst – um nur die allerbekanntesten zu nennen.

Für den Augenblick läßt diese fernere Nachkommenschaft jedoch noch auf sich warten. Eindrucksvoll ist zunächst das Klima der Wärme, des gegenseitigen Verständnisses und des Aufgeschlossenseins füreinander, das aus den Angaben des Sulpicius Severus über diese Gemeinschaft von Marmoutier herausstrahlt. Wenig später erzählt er nämlich, unter welchen Umständen er nach einer langen Reise dorthin gekommen ist; er spricht ausdrücklich von der Liebenswürdigkeit und Bescheidenheit, mit der er begrüßt wurde, und wie Martin ihn einlud, seine Mahlzeit mit ihm zu teilen und zu seiner großen Verlegenheit darauf bestand, ihm persönlich das Wasser zur Händewaschung zu reichen. „Er selbst war es auch, der uns am Abend die Füße wusch" ... Dieser Ort strahlt eine Atmosphäre der Liebe aus, und man verwirklicht hier ein Gemeinschaftsleben mit einer Spontaneität, die noch aller Regel vorausgeht, jedoch schon vieles von dem vorwegnimmt, was später in Regeln niedergelegt wird. Martin setzt zunächst einmal die Liebe als oberste Regel in ihr Recht ein.

Allerdings ist das Kloster, das in Marmoutier entstanden ist, für Martin genausowenig ein Ort längerer Einkehr und Ruhe wie sein Bischofshaus zu Tours. In Wirklichkeit sieht man ihn unablässig auf den Straßen unterwegs, oder besser gesagt, auf Wegen und Stegen, die durch Wald und Feld zu irgendwelchen Ansiedlungen führen. Davon war schon die Rede, als beschrieben wurde, wie er die heidnischen Tempel aufsuchte, um sie zu zerstören, und wie er den Leuten austrieb, ihre heiligen Bäume und Quellen zu verehren. Diese Streifzüge werden auf die entstehende Christenheit einen entscheidenden Einfluß haben. Im damaligen Reich waren die Städte die Verwaltungszentren und Knotenpunkte des Lebens und des Austauschs von Neuigkeiten. So war es normal, daß bis dahin auch die Bischöfe dort predigten, Gottesdienst hielten und wohnten. Umgeben von ihrem Stab von Diakonen und Priestern standen sie den Menschen dort zur Verfügung, wo sie vorwiegend beieinander waren. Die Menschen auf dem flachen Land wurden dabei vernachlässigt; kein Wunder also, daß das Wort für „Heiden" – *pagani* – vom Wort für „flaches Land" – *pagus* – abgeleitet war. Wie bereits gesagt: Dank der Aktion des Wanderbischofs, als der sich Martin betätigt, erreichte die christliche Lehre auch diese Menschen, und sie wurden Christen.

Martin predigt, sei es gelegen oder ungelegen; er spricht nicht nur zu großen Menschenmengen, sondern auch zu kleinen Gruppen, und dank seines Einsatzes sollten die Pfarreien entstehen. Noch heute staunt man, wenn man Frankreich durchreist und feststellt, daß es praktisch kein Dorf gibt, das nicht seinen eigenen Kirchturm hätte, einen Kirchturm, der alles überragt und gleichzeitig eine Stimme birgt, eine Stimme, die ruft, die versammelt, die Nachrichten verkündet. Wenn so jede Menschengruppe ihre gemeinsame Stimme hat, ist das nicht zuletzt dem Wirken Martins zu verdanken; er steht am Anfang der Pfarrei. Das griechische Wort dafür, *paroikia*, meinte das Haus, die Familie, die häuslichen Bindungen, und das Zeitwort *paroikein* bedeutete „sich aufhalten bei", „wohnen mit". Der lateinische Begriff *parochia* ist davon abgeleitet, und dieses Wort findet man häufig in den mittelalterlichen Texten. Man kann sagen, daß überall dort, wohin Martin in seiner Diözese seine Schritte setzt, Pfarreien entstehen; er sucht die Menschen dort auf, wo sie wohnen, und er führt sie zum wahren Gott.

Man findet seine Spuren in Langeais, Saint-Pierre de Tournon, Ligueil, Sonnay und Chisseaux – um bei der Gegend um Tours und den Orten zu bleiben, von denen man sicher weiß, daß er dort gewesen ist. Aber seine Streifzüge sollten ihn viel weiter führen, über die Grenzen seiner Diözese hinaus. Erstaunlicherweise findet man Spuren davon, die durch ein Epitaph gesichert sind, bis nach Vienne in der Dauphiné. Die Archäologen haben dort eine Inschrift gefunden, die besagt, eine gewisse Foedula, die hier begraben liege, sei *fonte renata Dei*, „aus der Quelle Gottes wiedergeboren" – also getauft – durch die Hand Martins, der in der Inschrift als „edel" (*procesis*) bezeichnet wird.

Der spätere Bischof Gregor von Tours, der aus der Auvergne stammte, sollte im 6. Jahrhundert zuverlässig von den Wanderungen Martins berichten, die in seiner Herkunftsgegend lebendig in Erinnerung geblieben waren. Er erzählt, wie dieser das Grab einer christlichen Jungfrau namens Vitaline im Flecken Arthonne bei Riom besuchen wollte. Die Honoratioren des Ortes hätten ihn mit einem regelrechten Festzug empfangen wollen, was aber Martin bewogen habe, sich schleunigst aus dem Staub zu machen, da ihm derartige Festzüge zuwider waren. Vermutlich hat er auch Clermont besucht; sicher wird ein Aufenthalt von ihm im Forez überliefert. Dort gibt es eine ganze Reihe von Orten, in denen man erzählt, er habe eine Quelle entspringen lassen oder einen Heidentempel zerstört. Übrigens hat sich das „Wunder mit der Kiefer" in der Nähe von Autun ereignet. Außerdem gibt es zahlreiche lokale Überlieferungen, die von seinem Wirken in Burgund erzählen: in Avallon, in Sens, in Beaune und in Dijon.

In Sens mußte ein Grundbesitzer, der Präfekt Auspicius, immer wieder erleben, daß seine Güter von Hagelstürmen heimgesucht wurden, die seine und die umliegenden Felder verwüsteten. Martin versenkte sich ins Gebet „und befreite diese Gegend völlig von dieser Geißel". Später sollte am Ort dieses Wunders eine Martinskirche eingeweiht werden. Ferner wird auch überliefert, daß er durch die Franche-Comté und bis in die romanische Schweiz gekommen sei. Des weiteren erzählt Gregor von Tours, daß er zu Saintonge, ganz in der Nähe von Saintes, für eine Frau, die ihm ein Glas Wasser brachte, eine Quelle habe entspringen lassen. Vermutlich hat er sich auch nach Bordeaux begeben müssen, wo ein Konzil stattfand, an dem er wohl teilgenommen hat. Übrigens bezeugen mehrere Ortsnamen, daß er auf dem Weg dorthin durchgekommen ist: zum Beispiel Roc-Saint-Martin bei La Motte und Font-Saint-Martin bei Doulezou; bei Blaye soll er sogar einen seiner Schüler namens Romanus begraben haben. Sein ganzes Leben ist eine einzige Pilgertour, auf der er hier und dort Schwerpunkte setzt, Orte, an denen man innehalten muß, weil er dort Wunder gewirkt hat.

An das unablässige Umherwandern Martins knüpfen sich viele Erinnerungen. Das gilt zum Beispiel für seine

Reise nach Chartres, von der ein Freund des Sulpicius namens Gallus erzählt. Diesen Gallus nimmt Sulpicius übrigens immer wieder „auf die Schippe", denn als echter Gallier, als den ihn schon sein Name ausweist, ist er den Genüssen des Lebens nicht abgeneigt und fühlt sich gelegentlich von der harschen Askese des Sulpicius eher abgeschreckt. Dieser Gallus also führt uns in den Freundeskreis des Biographen ein, und er gibt seine Erzählung in Gegenwart mehrerer Freunde des Sulpicius zum besten, sowie etlicher weiterer Zuhörer, die rasch herbeigeeilt sind, als sie erfahren haben, daß ein Zeuge Martins etwas aus seinem Leben erzählen wolle. Es kommen Mönche, deren Namen genannt werden: der Priester Evagrius, Aper, Sabbatius, Agricola, ein anderer Priester namens Aetherius, ein Diakon namens Calupio und ein Subdiakon namens Amator. Schließlich noch der Priester Aurelius, der als letzter ganz außer Atem von weit her kommt. Die Geschichte, so erzählt Gallus, hat sich in der Stadt der Carnuter ereignet. Hier muß erläutert werden, daß die Stadt der Carnuter die ganze Antike hindurch eine Art religiöser Hauptstadt gewesen ist, und das schon lange vor der Invasion der Römer in Gallien. Dort versammelten sich alljährlich die Druiden; dort wurden auch die Streitigkeiten zwischen den verschiedenen keltischen Bevölkerungsgruppen geschlichtet, die nur allzugern immmer wieder eine Fehde vom Zaun brachen.

Übergeben wir Gallus das Wort: „Ein Familienvater brachte seine zwölfjährige Tochter, die von Geburt an stumm war. Er stellte sie Martin vor und bat den Seligen, durch seine Fürbitte die gebundene Zunge des Kindes zu lösen." Martin war jedoch in Begleitung zweier Bischöfe, des Valentin und Victricius; letzterer war Bischof von Rouen. Zunächst wollte er sich entziehen und sagte, der Vater solle sich lieber an seine beiden anwesenden Amtsbrüder wenden, die viel heiliger seien als er. Aber diese schlossen sich der Bitte des Familienvaters an und baten

Martin, das zu tun, was man von ihm erwartete. „Da zögerte Martin nicht länger. Es war doppelt bewundernswert, daß er zunächst seine Demut gezeigt und daraufhin doch nicht seine gläubige Hilfe versagt hatte. Er gebot, daß die sie umgebende Menge sich zurückziehe, bis er mit den Bischöfen und dem Vater des Mädchens allein war. Dann warf er sich nach seiner Gewohnheit zum Gebet nieder, nahm daraufhin ein wenig Öl, das er mit einem Exorzismus-Gebet weihte, und flößte es dem Mädchen ein, wobei er dessen Zunge mit den Fingern umfaßte. Das Ergebnis enttäuschte die Hoffnung des Heiligen nicht. Martin fragte das Mädchen, wie sein Vater heiße, und es gab ihm unverzüglich Antwort. Sein Vater stieß Freudenschreie aus und vergoß Tränen. Er umfing die Knie Martins und erklärte zum Staunen aller, jetzt habe er zum ersten Mal die Stimme seiner Tochter gehört."

Die Vorstellung ist ergreifend, daß sich dieses Wunder in jener Ebene abgespielt hat, wo sich eines Tages die berühmte Kathedrale von Chartres erheben wird, zu der die Menschen in Scharen strömen, und vor allem Scharen von Studenten, von jungen Menschen, und daß Martin diesen Ort durch die Heilung eines Mädchens ausgezeichnet hat, dem er das Sprachvermögen schenkte.

Als Martin nach Paris kommt, wirkt er ein weiteres aufsehenerregendes Wunder: „Bei den Parisern angekommen, durchschritt Martin gerade das Tor ihrer Stadt Lutetia, und eine große Menge begleitete ihn. Da sah er einen Aussätzigen, der jämmerlich anzuschauen war und allen Schrecken einjagte. Martin aber umarmte und segnete ihn. Unverzüglich schwand dessen Krankheit, der Aussätzige war geheilt, sein Haut war ganz glatt. Am Tag danach kam er in die Kirche, sein Gesicht strahlte vor Gesundheit, und er dankte Gott für seine Heilung." Den Schauplatz dieser Heilung des Aussätzigen vermutet man an der Stelle des späteren Fleckens Saint-Marcel; dort hat man in unserer Zeit unweit der Stelle, wo die Straße nach Melun die Furt der Bièvre überquert und sich die ältesten Mauerteile der Stadt befanden, einen vorchristlichen Friedhof entdeckt. Man wäre natürlich versucht, sich vorzustellen, wie der Bischof das Tor Saint-Martin durchschritten hat, aber dieses stand zu seiner Zeit gegenüber dem Pont au Change, an der Stelle, wo heute an der Ecke des Palais der Tour de l'Horloge steht. So ist es also schwierig, sich ganz genau den Platz vorzustellen, an dem diese Heilung stattgefunden hat.

Auf einer anderen seiner Reisen sollte sich ein dramatischer Vorfall ereignen. Es handelte sich dabei übrigens sozusagen um eine „Dienstreise", nämlich um das, was man heute als „Pastoralbesuch" bezeichnen würde. Das war höchstwahrscheinlich in Clion, das früher Claudiomagnus hieß und ungefähr siebzig Kilometer entfernt von Tours liegt, auf dem Gebiet des Landes der Bituriger, das heißt der Leute von Bourges. Auch diese Begebenheit erzählt Gallus: „Dort gab es eine Kirche voller heiliger Mönche, und genauso strahlte sie durch die Anwesenheit einer Menge geweihter Jungfrauen." Als Martin dort hinkam, wohnte er in der Sakristei der Kirche. Die Kleriker des Orts hatten ihm seine Herberge sorgfältig hergerichtet: „Sie hatten ihm einen gut gestopften Strohsack bereitgelegt", und Sulpicius fügt hinzu, daß sie unter dem Boden, der allerdings schon schadhaft und ziemlich dünn war, ein großes Feuer entfacht hatten. Vermutlich war die Kirche auf ehemalige Thermen gebaut, die über eine Hypokaust-Anlage verfügt hatten.

Wieder einmal fand Martin sein Bett zu aufwendig. Er hatte sich angewöhnt, sich einfach auf den Boden zu strecken, auf ein härenes Kleid, mit einer groben Decke. So schaffte er den Strohsack hinaus, legte ihn jedoch zufällig ausgerechnet genau auf die Stelle, unter der das Feuer brannte, welches die Kleriker der Kirche sorgfältig so angelegt hatten, daß es die ganze Nacht brannte, um die Sakristei warmzuhalten, in der Martin schlafen sollte. Wie gewöhnlich schlief Martin, erschöpft von der langen Reise, sogar auf dem blanken Boden schnell ein. Gegen Mitternacht erfaßte das flackernde Feuer durch den rissigen Boden die trockenen Halme des Strohsacks. Martin fuhr infolge dieses unvorhergesehenen Unglücks aus dem Schlaf hoch und war wie benommen durch die Gefahr dieser kritischen Situation, mehr aber noch, wie er später erzählte, durch den Fallstrick, den ihm der Teufel gelegt hatte, so daß er später, als es eigentlich notwendig gewesen wäre, seine Zuflucht zum Gebet nehmen konnte. Denn bei seinem Versuch, schleunigst hinauszugehen, mußte er lang und hart an dem Riegel rütteln, mit dem er die Tür verschlossen hatte. Als er sie schließlich aufbrachte, schlugen ihm bereits von allen Seiten die Flammen entgegen, so daß das Feuer die Kleider verbrannte, die er anhatte.

Schließlich kam er ganz zu sich. Er wußte, daß sein Heil nicht in der Flucht lag, sondern in Gott; so ergriff er den Schild des Glaubens und des Gebets, wandte sich mit ganzen Herzen an Gott und blieb im Gebet hingestreckt mitten zwischen den Flammen liegen. Da trieb die Macht Gottes die Flammen zurück, und Martin verharrte mitten in einem Kreis von Flammen, die ihm nichts anzuhaben vermochten, im Gebet. Die Mönche, die draußen vor den Türen waren, indes das Feuer wütete und laut prasselte, rissen mit Gewalt die verriegelten Türflügel auf und zerrten Martin mitten aus den Flammen heraus, zu einem Zeitpunkt, wo man glauben mußte, er sei infolge eines so langen Brandes schon ganz verkohlt. Im übrigen – „Gott ist der Zeuge für das, was ich sage", fügt Sulpicius hinzu – „vertraute mir Martin an und gestand nicht ohne Seufzen, daß die Verführungskünste des Teufels ihn bestrickt hätten, indem sie ihm beim jähen Erwachen den Gedanken weggenommen hätten, die Gefahr auf der Stelle mit Hilfe des Glaubens und des Gebets zu bekämpfen. Schließlich hatte das Feuer so lange ungehemmt gewütet, wie er benommenen Geistes versucht hatte, an der Tür zu rütteln und hinauszukommen. Sobald er jedoch nach der Standarte des

Kreuzes und den Waffen des Gebets gegriffen habe, sei das Zentrum der Glut zurückgewichen, und von da an hätten sich die Flammen für ihn wie Taufrische angefühlt, nachdem er zuvor ihr schlimmes Brennen erfahren habe."

Gallus erzählt übrigens weiter, daß später, nach der Abreise Martins, die geweihten Jungfrauen, die im Flecken Clion lebten, in diese Sakristei geeilt seien und sorgfältig alle verbliebenen angekohlten Strohhalme seines Strohsacks aufgesammelt hätten. Und er fügt hinzu: „Eine von ihnen nahm wenige Tage später ein wenig von diesem Stroh, das sie als Reliquie aufgesammelt hatte, und hing es einem Besessenen um den Hals, der von einem bösen Geist geschüttelt wurde. Auf der Stelle, schneller als man es beschreiben kann, war der Dämon ausgetrieben und der Mensch geheilt."

Es war auf dem Weg nach Chartres, an einem Ort, dessen Namen uns nicht genannt wird, wo Martin seine dritte Auferweckung wirkte. Gallus erzählt, er habe gerade eine ziemlich bevölkerte Ortschaft durchquert, und die Menschen dort hätten „aus lauter Heiden bestanden", denn niemand in diesem Ort kannte einen Christen. Doch auf die Nachricht hin, daß ein so berühmter Mann durchkommen werde, waren die Menschen in Scharen von weit und breit herbeigeströmt. Gallus äußert, Martin habe gespürt, daß er etwas tun müsse. Er habe unter der Einwirkung des Heiligen Geistes vibriert und schließlich den Heiden „mit einer übermenschlichen Stimme" das Wort Gottes gepredigt. Doch da bahnte sich eine Frau den Weg durch die Menge: ihr Sohn war gerade gestorben. Sie streckte den entseelten Körper des Kindes, das sie auf den Armen herbeigebracht hatte, Martin entgegen und sagte zu ihm: „Wir wissen, daß du ein Freund Gottes bist. Gib mir meinen Sohn wieder, denn er ist mein einziges Kind." Die ganze Menge, erzählt Gallus weiter, schloß sich ihrer Bitte an und unterstützte die Bitten der Mutter mit ihren Zwischenrufen.

Martin spürt, daß er zum Heil der Anwesenden, die den

Messias erwarten, aber noch nicht kennen, ein Wunder erwirken kann. So nimmt er den Leichnam des Kindes auf seine Arme und kniet sich nieder; nachdem er gebetet hat, erhebt er sich und „gibt das wieder zum Leben erweckte Kind seiner Mutter zurück". Daraufhin ertönen Rufe und Schreie aus der Menge. „Alle stürzten sich in Gruppen vor dem Seligen nieder und baten ihn voller Glauben, er solle sie zu Christen machen. Ohne zu zögern legte Martin allen mitten auf freiem Feld die Hände auf und machte alle zu Katechumenen." Dann wandte er sich den befreundeten Mönchen zu, die ihn begleiteten, und bemerkte hierzu, man könne durchaus unter freiem Himmel „Katechumenen machen, denn im Freien haben normalerweise auch die Martyrer ihre Weihe empfangen". Das war das dritte Mal, daß Martin jemanden vom Tode erweckt hatte.

Im übrigen waren nicht alle seine Reisen so erfolgreich. Eines Tages wurde er zum Opfer eines seltsamen Mißverständnisses. Das war anläßlich einer seiner Pastoralvisiten. Er war seinen Gefährten etwas vorausgegangen, als ihm ein Gefährt der Steuereintreiber „voller Leute von der Miliz" entgegenkam; der Heilige stieß also auf die schlimmste Art von Beamten, nämlich diejenigen der Steuerbehörde, und diese waren damals auch noch vom Militär eskortiert. Martin in seiner ziemlich vernachlässigten Aufmachung und im schwarzen, knöchellangen Mantel erschreckt die Maultiere vor dem Karren; sie scheren aus und verheddern die Stränge ihres Geschirrs, so daß die Steuerbeamten vom Karren steigen und sie wieder in Ordnung bringen müssen. Einige sind so wütend, daß sie auf Martin losgehen, der an der Verschreckung ihrer Maultiere schuld ist, und ihm Schläge mit Stöcken und Peitschen versetzen. Martin bleibt stumm und rührt sich nicht. Weil er keine Regung zeigt, regen sich die anderen desto mehr auf, und als seine Gefährten nachkommen, finden sie ihren Bischof „in einem schlimmen Zustand: blutüberströmt, von Kopf bis Fuß mit Spuren der Hiebe übersät, auf den Boden ausgestreckt und wie leblos". Unverzüglich heben sie ihn auf, setzen ihn auf seinen Esel und entfernen sich schleunigst.

Als sich die Wut der Leute von der Miliz gelegt hat, besteigen sie wieder ihren Karren und stacheln ihre Maultiere an, sich wieder in Gang zu setzen. „Aber alle Tiere bleiben wie im Boden verwurzelt stehen, starr wie Erzstatuen; umsonst schreien die Fuhrleute los, schlagen von rechts und links mit der Peitsche auf sie ein: die Tiere rühren sich nicht." Da steigen alle Reisenden aus dem Gefährt und versuchen, die Maultiere mit Peitschenschlägen anzutreiben; sie reißen Äste von den Bäumen und dreschen damit auf sie ein, so fest sie können: „Die Hände der Peiniger vemögen nichts, sondern die Maultiere bleiben wie Statuen unbeweglich stehen."

Die Steuereintreiber verstehen nicht, was ihnen da widerfährt. Da kommt einer von ihnen auf die Idee, danach zu fragen, wer der Mann gewesen sei, den sie gerade an derselben Stelle so mißhandelt hatten. „Sie fragen Passanten, und von denen erfahren sie, daß der Mann, den sie so grausam geschlagen hatten, Martin gewesen sei. Da geht allen auf, was der Grund für ihr seltsames Erlebnis ist: Sie können nicht länger verkennen, daß sie wegen ihrer Ausschreitung gegen diesen Mann so festgenagelt werden." Sie eilen los, holen Martin und seine kleine Gruppe ein, werfen sich auf die Knie, bitten inständig um Verzeihung, flehen ihn an, sie doch weiterfahren zu lassen. „Sie beteten, sie flehten Martin an, ihr Verbrechen zu verzeihen und ihnen die Erlaubnis zur Weiterfahrt zu geben." Martin hatte das übrigens bereits geahnt; schon vorher hatte er seinen Freunden gesagt, daß die Steuereintreiber, die ihn so brutal geschlagen hatten, dort zurückgehalten würden und sich nicht von der Stelle bewegen könnten. „Trotzdem war er so gütig, ihnen zu verzeihen, und er gestattete ihnen, sich zu entfernen, nachdem ihre Zugtiere wieder vom Bann gelöst waren."

Die meisten anderen Reisen Martins sind notwendig, um die Großen dieser Welt zu treffen, also die, welche die politische Macht in Händen haben. Darin spielt er die Rolle, die in der Folge zwei oder drei Jahrhunderte lang diejenige der Bischöfe sein sollte. In einer Welt, in der jede Autorität zerbröselt – einschließlich des Militärs und der Steuerbeamten, die wir gerade noch als so stark erlebt haben! –, wird der Bischof nach und nach zum einzigen festen Halt für das Volk.

Zwar gibt es unter den Repräsentanten der Autorität bereits solche, die Christen sind, und oft sind diese von großer Bewunderung für Martin erfüllt. Das gilt für den alten Präfekten Arborius, der sehr gern der Messe des Bischofs von Tours beiwohnte und dem Gallus, dem Freund des Sulpicius, anvertraute, eines Tages, „während Martin das Opfer darbrachte, habe er gesehen, wie die Hand des Heiligen wie mit den kostbarsten Steinen überkleidet gewesen sei und in einem hellen Purpurglanz gestrahlt habe, und bei jeder Bewegung seiner Rechten habe man das Geräusch der Edelsteine gehört, die sich aneinander gerieben hätten". Dieser selbe Arborius, der, wie Sulpicius bezeugt, „eine ganz und gar heilige und treue Seele war", machte sich eines Tages in ungewöhnlicher Form Martins Heilungskraft zunutze. Seine Tochter wurde „von sehr heftigen Quartalfieberanfällen verzehrt". Da er sich gar nicht mehr zu helfen wußte, schob er seiner Tochter einen Brief, den er gerade von Martin erhalten hatte, ins Kleid auf die Brust. Unverzüglich, so sagt der Erzähler, „war das Fieber vertrieben". Arborius war davon so verblüfft, daß er auf der Stelle seine Tochter Gott versprach und sie der ewigen Jungfrauschaft weihte. Er suchte Martin auf und bat ihn, ihr das Habit der Jungfrauen zu verleihen.

Man sieht, im 4. Jahrhundert ist die Macht des Vaters über seine Tochter noch absolut, so wie es das römische Recht vorsieht. In diesem Fall war die Tochter vermutlich einverstanden, aber das Verhalten des Arborius bleibt noch das des römischen Familienvaters, der seine Tochter zu den Vestalinnen bringt. Es dauert nicht lange, bis sich diese Bedingungen ändern; mehrere Konzilien ordnen an, daß das Gelübde der Jungfrauschaft vom betreffenden Menschen selbst abgelegt werden muß und nicht kraft der Autorität der Eltern. Erst sehr viel später setzte sich die elterliche Autorität wieder durch, nämlich im 16. Jahrhundert, zur Zeit der Renaissance, und das deshalb, weil damals das römische Recht wieder Oberhand gewann.

Auch als Martin nach Trier kommt, um dort den Kaiser aufzusuchen, heilt er ein Mädchen. Zweifellos kommt er nicht zum ersten Mal in diese Stadt; wir haben bereits seine vermutlichen früheren Aufenthalte dort erwähnt; außerdem hatte er sich kurz nach seiner Wahl zum Bischof dem Kaiser Valentinian in seinem Palast vorgestellt. Wir wissen nicht, in welchem Anliegen er jetzt den Kaiser aufgesucht hat. Wir wissen nur, daß Valentinian derart fest entschlossen war, ihm seine Bitte nicht zu gewähren, daß er befahl, die Palasttüren zu verschließen und ihn nicht hereinzulassen. Valentinian war ein grausamer und stolzer Mensch; dazu hatte er eine arianische Frau, „die diesen Mann völlig von der kaiserlichen Einstellung abgebracht hatte". Zweimal stößt Martin hart gegen die hermetisch versperrten Palasttore, erzählt Gallus, der die Geschichte überliefert.

„Da nahm er zu seinen wohlbekannten Waffen Zuflucht": Er streut sich Asche aufs Haupt, hüllt sich in ein härenes Kleid, fängt ein radikales Fasten an und betet unablässig Tag und Nacht. Und da, so erzählt Gallus weiter, „am siebten Tag, sieht er einen Engel bei sich, der ihm den Auftrag gibt, mutig zum Palast zu gehen. Die Tore der kaiserlichen Wohnung mochten noch so fest verrammelt sein, sie taten sich ganz von allein auf." Martin begibt sich also in den Palast; die Tore stehen offen, niemand hält ihn auf, und er kommt unbehelligt direkt bis vor den Kaiser. Als dieser ihn kommen sieht, wird er wütend und schreit, warum man ihn habe hereinkommen lassen. Der Bischof tritt näher, der Kaiser sitzt auf seinem Thron, und beide bleiben für einen Augenblick stumm, bis plötzlich „aus dem Sitz des Kaisers Flammen schlagen". Er fährt schneller hoch, als er denken kann und steht plötzlich aufrecht vor Martin. Da wandelt sich seine Gesinnung in Milde: „Er nahm den versöhnt in die Arme, den mit Verachtung zu strafen er sich vorgenommen hatte ... Er bekannte, die Wirkung der Kraft Gottes verspürt zu haben und wartete nicht einmal ab, bis Martin ihm seine Bitte vortrug. Er gewährte sie ihm von vorneherein, ohne sich bitten zu lassen, und schließlich wollte er ihn zum Abschied noch mit Geschenken überhäufen, die Martin jedoch ablehnte, weil er die mönchische Armut gewohnt war."

Wahrscheinlich war es auf einer weiteren Reise nach Trier einige Jahre später, daß eine wunderbare Heilung stattfand. In der Stadt war nämlich „ein Mädchen von einer so schrecklichen Lähmung befallen, daß ihr Körper schon seit längerem auch nicht die geringste Verrichtung zustande brachte und ihr zu gar nichts mehr nützen konnte". Die ganze geplagte Familie erwartete nur noch ihren Tod. Da plötzlich wurde Martins Kommen angekündigt. Der Vater des Mädchens eilte ihm entgegen. Aber der Bischof war schon in die Kirche eingezogen. Martin stand bereits am Altar und war von anderen Bischöfen und zahlreichen Klerikern umgeben. Aber ohne auf irgend etwas Rücksicht zu nehmen, läuft der Vater auf ihn zu, schluchzt und umfängt seine Knie: „Meine Tochter stirbt an einer schrecklichen Krankheit und kann sich nicht mehr rühren, außer daß sie gerade noch atmet. Ihr Fleisch ist schon so gut wie tot. Ich bitte dich, komm und segne sie, denn ich glaube, daß sie durch deine Fürbitte geheilt werden kann." Martin ist verblüfft und ganz verlegen und versucht, sich ihm zu entziehen; aber der in Tränen aufgelöste Vater dringt nur desto hartnäckiger in ihn und bittet ihn, seine Tochter, die schon an der Schwelle des Todes steht, zu besuchen. Schließlich raten auch die umstehenden Bischöfe Martin, mit dem Vater zu gehen, und er willigt ein.

So kommt er zum Haus dieser Familie. „Eine gewaltige

Menschenmenge stand vor der Tür und wartete schon darauf, was der Diener Gottes machen würde. Er aber begann, auf seine unter solchen Umständen üblichen Waffen zurückzugreifen, warf sich zu Boden und betete. Daraufhin untersuchte er die Kranke und ließ sich Öl bringen. Nachdem er es geweiht hatte, goß er die Kraft dieses heiligen Trankes dem Mädchen in den Mund, und auf der Stelle fand es die Sprache wieder. Dann kam nach und nach wieder Leben in seine übrigen Glieder, bis es sich schließlich vor allen Leuten erhob und mit sicherem Schritt umherging." Der Bericht gibt keine weiteren Einzelheiten an, aber man darf annehmen, daß Martin daraufhin wieder in die Kirche zurückgekehrt ist, denn als er danach in den Kaiserpalast kommt, ist ihm sein Ruf – der ohnehin schon groß war – bereits dorthin vorausgeeilt. Im Palast wird er nicht nur vom Kaiser, sondern auch von der Kaiserin empfangen. Die Frau des Kaisers Maximus war Christin. Lassen wir wieder Gallus direkt erzählen: „Der Kaiser ließ Martin oft rufen und empfing ihn in seinem Palast, wo er ihm große Hochachtung und Ehren zukommen ließ. Alle seine Aussprachen mit ihm handelten von gegenwärtigen und künftigen Dingen, vom begnadeten Leben der Gläubigen und vom ewigen Glück der Heiligen. Während dieser Zeit hing die Kaiserin Tag und Nacht förmlich am Munde Martins. Nach dem Vorbild der Frau, von der das Evangelium berichtet, netzte sie mit ihren Tränen die Füße des Heiligen und trocknete sie mit ihren Haaren ab." Martin mochte das recht unangenehm sein, aber er konnte sich derlei Huldigungen nicht entziehen.

Sie ging so weit, daß sie ihren Gemahl, den Kaiser, bat, „mit ihr gemeinsam in Martin zu dringen, daß er eine Einladung zum Essen bei ihnen annehme. Dabei sollten alle Diener fernbleiben, und sie persönlich wollte ihm bei Tisch dienen. Trotz seiner Festigkeit mußte der Selige schließlich nachgeben. Die Kaiserin bereitete des Mahl ganz eigenhändig vor. Sie selbst legte eine Decke über einen Sessel, stellte den Tisch davor, goß ihm Wasser über die Hände, servierte ihm die Gerichte, die sie selbst gekocht hatte. Sie selbst blieb in geziemendem Abstand stehen, während Martin aß, hielt sich also ganz an die Regel der Bediensteten; sie stand aufrecht da, wie angewachsen, reglos, und zeigte in allem die Zurückhaltung einer Frau, die bei Tisch dient und die Demut einer Sklavin. Sie selbst mischte das Getränk; sie selbst reichte ihm den Kelch. Als die Vorspeise beendet war, sammelte sie sorgfältig die Brotstücke und die Krumen ein, denn in ihrem glühenden Glauben hielt sie sie für so kostbar, daß sie unbedingt am kaiserlichen Tisch serviert werden sollten."

Als Gallus diese Geschichte dem Sulpicius und seinem Freund Postumianus erzählte, hielt dieser als Mensch seiner Zeit den folgenden Kommentar für angebracht: „Man sagte von Martin, noch nie sei ihm eine Frau nahegekommen, und siehe da, eine Kaiserin kam ihm nicht nur nahe, sondern diente ihm sogar bei Tisch!" Worauf Gallus entgegnete, die Kaiserin habe sich wie Martha und Maria vor Jesus verhalten: „Sie hat wie Martha gedient und wie Maria zugehört."

Nicht alle Begegnungen Martins mit den Mächtigen seiner Zeit verliefen auf diese Weise. Bei einer anderen Gelegenheit sollte derselbe Kaiser Maximus die Fähigkeit Martins kennenlernen, einem Herrscher die Stirn zu bieten, wenn er glaubte, dieser habe Tadel verdient. Es ergab sich eines Tages, daß „mehrere Bischöfe aus verschiedenen Weltgegenden zusammenkamen und alle einhellig aussagten, es sei ein Skandal, wie man am Kaiserhof lebe." Darauf sagte Martin eine Essenseinladung durch denselben Kaiser ab und erklärte, „er könne nicht Tischgemeinschaft mit jemandem halten, der einen Kaiser seines Amtes enthoben und einen anderen getötet habe". Maximus mußte sich alle Mühe geben, Martin davon zu überzeugen, daß er die kaiserliche Gewalt nur deshalb angenommen habe, weil ihn seine eigenen Soldaten dazu gezwungen hätten, und im übrigen seien seine Gegner auf dem Schlachtfeld gefallen, so daß er nicht direkt an ihrem Tod schuldig sei. Martin ließ sich schließlich überzeugen und nahm die Einladung zum Essen an.

Das Galadiner findet also statt, und der Kaiser ist von seinen engsten Verwandten umgeben: seinem Bruder, seinem Onkel, sowie von bekannten Persönlichkeiten, dem Präfekten, dem Konsul Evodus. Martin kommt in Begleitung eines Priesters, der weiter unten an den Tisch gesetzt wird, indes Martin einen Platz in der Nähe des Kaisers erhält. Man muß sich diese Mahlzeit in der Form vorstellen, wie sie in der Antike bei den Römern stattgefunden hat: Diese nahmen ihre Mahlzeiten liegend ein, während die Gallier immer im Sitzen gegessen haben. Aber etliche Zeit blieb der von den Römern ererbte Brauch, sich zu Tisch zu legen, noch erhalten.

Sulpicius Severus erzählt nun: „Ungefähr in der Mitte der Mahlzeit reichte ein Diener dem Brauch gemäß dem Herrscher einen Kelch. Dieser gibt den Auftrag, ihn lieber dem heiligen Bischof zu reichen, denn er wollte unbedingt den Kelch von dessen Händen gereicht erhalten. Doch nachdem Martin daraus getrunken hatte, reichte er den Kelch nicht dem Kaiser, sondern seinem Priester, in der Überzeugung, keiner sei würdiger, nach ihm aus dem Kelch zu trinken, als dieser. Er wollte sich auch nicht seiner Freiheit begeben, indem er vor einem Priester entweder dem Herrscher oder irgendeiner der dem Kaiser am nächsten stehenden Personen den Kelch reichte." Dieses unziemliche Verhalten beeindruckte alle Anwesenden stark. Zunächst waren sie verblüfft, dann vor den Kopf gestoßen und verärgert, aber bald „erzählte man sich überall im Palast mit lebhafter Bewunderung, Martin habe bei einem kaiserlichen Festmahl gewagt, etwas zu tun, was kein anderer Bischof auch nur beim Mahl mit einem ganz untergeordneten Magistrat wagen würde". Besser hätte sich die völlige Unabhängigkeit eines Vertreters der Kirche von den Großen dieser Welt nicht demonstrieren lassen.

Martin hatte im übrigen diesem selben Maximus vorausgesagt, wenn er nach Italien ziehe, werde er zunächst den Kaiser Valentinian besiegen, mit dem er im Streit lag, aber wenig später werde er selbst umkommen. Das geschah auch. Valentinian sollte vom Heer des Maximus in die Flucht geschlagen werden, aber ungefähr ein Jahr später hatte er seine Kräfte wieder gesammelt, bemächtigte sich unter den Mauern von Aquileia des Maximus und ließ ihn umbringen.

Um noch einmal auf die Beziehungen des heiligen Bischofs zu den Vertretern der zeitlichen Macht zu sprechen zu kommen, muß auch die Geschichte vom „Tyrannen von Tours" erzählt werden.

Es handelt sich um den von Sulpicius als „Grafen Avitianus" bezeichneten Mann. Hier wird ein Begriff verwendet, der in den darauffolgenden Jahrhunderten sehr häufig auftreten wird: der Graf, *comes, comitis, comitem*. Das ist ursprünglich der Compagnon, und dann im weiteren Sinn der Delegierte. In der Feudalzeit bewahrt der Begriff „Graf", französisch „comte", lateinisch *comes* zwar seine ursprüngliche Bedeutung als Compagnon und folglich Delegierter oder Vertreter des Herrschers, aber er wird zu einem Adelsprädikat. Ähnlich ist es mit dem „Herzog", französisch „duc", das von Lateinischen *dux* abgeleitet ist und zur Zeit Martins einen Kriegshauptmann (der vor dem „Heer zog") bedeutet; auch dieser militärische Begriff wurde zum Adelstitel.

Dieser „Graf Avitianus" stand in einem schlimmen Ruf. Als Sulpicius ihn erwähnt, fügt er sofort hinzu, er sei von barbarischer Grausamkeit und äußerst blutdürstig gewesen. Eines Tages zieht er in die Stadt Tours ein und schleppt eine lange Reihe angeketteter Menschen mit sich – Gefangene oder nach zivilem Recht Verurteilte –, und wenn man die Härte der Strafen zur Römerzeit kennt, weiß man, welch schreckliche Dinge ihnen blühen. „Er befahl, für ihre Bestrafung verschiedene Arten von Folterinstrumenten herzurichten und beschied, am Tag darauf fänden im Angesicht der schockierten Stadt diese tödlichen Vollstreckungen statt."

Martin erfährt davon und begibt sich unverzüglich allein „in den Palast des wilden Tieres". Es ist schon fast Mitternacht; im Schweigen der Nacht schlafen alle, alle Pforten sind verschlossen. „Da warf sich Martin vor der Schwelle des Palasts zu Boden. Avitianus jedoch, der in tiefem Schlaf lag, erhielt jäh von einem Engel einen Hieb, und der Engel sagte zu ihm: ‚Ein Diener Gottes hat sich vor deiner Schwelle hingestreckt, und du schläfst!' Aufgeschreckt von diesen Worten, sprang der Graf aus dem Bett, rief seine Sklaven und schrie sie zitternd an, Martin sei vor der Tür. Er befahl ihnen, schnell zu laufen und die Riegel zu öffnen, damit der Diener Gottes nicht unter Mißachtung leide." Das Ganze spielte sich offensichtlich zu einer Zeit ab, da Martin als Bischof bereits in sehr hohem Ansehen stand. Doch die Diener schauten nur zu den inneren Toren hinaus und „lachten über ihren Herrn, der sich von Traumgespinsten hatte verschrecken lassen". Sie kamen zurück und erklärten, vor dem Tor liege niemand. Darauf legte sich Avitianus beruhigt wieder schlafen.

„Aber schon bald versetzte ihm der Engel einen noch stärkeren Hieb. Wieder schrie er, Martin sei vor dem Tor. Daher konnte er keine Ruhe mehr finden, weder an Seele noch Leib. Da seine Sklaven zögerten, ging er selbst bis vors äußere Tor, und da fand er wie erwartet Martin." Erschüttert von dieser stummen Gewalt, die ihn durch Mauern und Tore hindurch bedrängt hatte, rief er aus: „Du hast es nicht nötig, etwas zu sagen. Ich weiß, was du willst, ich sehe, was du verlangst. Geh schnell wieder weg. Wegen der schlechten Behandlung, die dir widerfahren ist, könnte mich der Zorn des Himmels verzehren." Da er begriffen hatte, was Martin im Palast erreichen wollte, rief er seine Offiziere und befahl ihnen, alle Gefangenen freizulassen. Sulpicius, der diese Episode in seinen *Dialogen* erzählt, berichtet weiter, die ganze Stadt habe sich gefreut, als sie aus der Hand des Avitianus befreit wurden.

In der Folge müssen sich die Beziehungen zwischen Martin und Avitianus gebessert haben, denn die Frau des Avitianus schickte Martin ein Fläschchen Öl mit der Bitte, das Öl zu weihen. Das geweihte Öl wurde zum Salben verwendet und diente in der damaligen Zeit oft als Heilmittel. Im Bericht heißt es: „Es handelte sich um ein dickbauchiges Glasfläschchen mit langem Hals. Der Hals dieses Fläschchens war leer, denn beim Abfüllen dieser Art von Gefäßen ließ man immer die obere Hälfte des Halses für den Stopfen leer." Doch der assistierende Priester bezeugte, daß er gesehen habe, „wie infolge der Weihe durch Martin das Öl sich ausdehnte, dann überlief und nach allen Seiten ausfloß". Dasselbe Phänomen wiederholte sich, als man das Gefäß der Hausherrin zurückbrachte: „In den Händen des Sklaven, der es hielt, schäumte das Öl weiter und lief über, so stark, daß das ganze Kleid des Trägers mit Flüssigkeit aus dem Gefäß durchnetzt wurde; als aber die Hausfrau die Flasche erhielt, war sie immer noch voll bis zum Rand."

Angeregt durch diese Geschichte vom geweihten Öl, das aus dem Gefäß überläuft, erzählt der anwesende Gallus von einem ähnlichen Ereignis. Ein anderes Glasfläschchen war ebenfalls mit von Martin geweihtem Öl gefüllt. „Nun beging aber ein Haussklave die Ungeschicklichkeit, an einem Tuch zu ziehen, das darüber gebreitet war. Er wußte nicht, daß darunter das Fläschchen lag, und das Gefäß fiel auf die Marmorfliesen. Alle, die dabei waren, zitterten vor Angst beim Gedanken, das geweihte Öl sei jetzt verloren. Aber sie fanden das Fläschchen so unversehrt, als sei es auf das weichste Federbett gefallen." Daraus ist zu schließen, daß, wenn Martin einmal einen Segen gegeben hatte, dieser auf keine Weise mehr verloren gehen konnte.

Um noch einmal auf Avitianus zurückzukommen: Der Erzähler berichtet, daß dieser als äußerst grausam bekannte Mensch nur dann menschlich wurde, wenn er in Tours weilte. Er berichtet noch eine weitere Erinnerung: „Ich entsinne mich, daß ihm Martin eines Tages einen Besuch abstattete. Kaum hatte er den Audienzraum betreten, da sah er rücklings auf den Schultern des Grafen einen Dämon von außergewöhnlicher Größe sitzen. Der Bischof blies von weitem heftig gegen den Dämon an." Avitianus war verblüfft und glaubte, der Bischof wolle ihm ins Gesicht blasen. „Warum behandelst du mich so?", fragte er Martin. Darauf sagte Martin: „Nicht dich habe ich im Visier, sondern den Üblen, der auf deinen Schultern lastet." Und der Erzähler fügt hinzu: „Von diesem Tag an wurde Avitianus merklich milder. Entweder hatte er begriffen, daß er immer nur die Befehle des Teufels ausgeführt hatte, der ihn ritt, oder der unreine Geist war durch Martin von seinem Sitz vertrieben worden und hatte von da an die Macht verloren, den Grafen zu beherrschen."

Noch bei vielen anderen Gelegenheiten findet man Martin im Kampf gegen den Dämon.

VI
Die Umgebung

Mit seiner Umgebung hat es Martin nicht immer leicht. Gewiß, da gibt es die Jünger, die sich um ihn scharen, alle diejenigen, die auf sein Wort aus sind und sein Beispiel nachahmen wollen. Sie gründen schließlich in Marmoutier genau wie schon in Ligugé ein regelrechtes Kloster, ohne daß sie das schon so nennen, und lassen damit bereits jene Scharen von Mönchen vorausahnen, die dann in der langen Zeit des Feudalismus die Länder überziehen.

Das heißt aber nicht, daß Martin nicht auch in seiner Umgebung immer wieder mit Schwierigkeiten zu kämpfen hatte, wie zum Beispiel die fast komische Geschichte mit seinem Erzdiakon zu Tours bezeugt. Dessen Name ist uns nicht überliefert, aber es lohnt sich, diese Episode zu erzählen, wie das Gallus in einem der *Dialoge* getan hat[4], zumal diese Erzählung ihren ganz eigenen Reiz hat und jene Art von Humor birgt, den nur er zustande bringt. Er selbst war Zeuge dieses Ereignisses. Gallus erzählt: „Es war zu der Zeit, als ich gerade die Schulen verließ und mich dem Seligen anschloß.“ Er war also noch ziemlich jung. „Martin ging gerade in die Kirche, und wir folgten ihm. In dem Moment trat ihm ein Armer entgegen, der in diesen Wintermonaten halbnackt war, und er bat ihn, ihm ein Kleidungsstück zu geben. Da wandte sich der Bischof an den Erzdiakon und gab ihm den Auftrag, diesen unglücklich Frierenden unverzüglich mit Kleidung zu verse-

[4] Paul Monceaux (Herausg.), *Saint Martin*, Payot 1926

hen. Hierauf betrat er die Sakristei, wo er sich seiner Gewohnheit gemäß aufhielt."

Gallus erwähnt hier kurz die Gewohnheit Martins, sich vor dem Gottesdienst eine kurze Zeit des Alleinseins zu nehmen; er überließ es den Priestern, die Leute zu empfangen, die ihn sprechen wollten, und blieb für sich allein in der Sakristei. Bei dieser Gelegenheit bemerkt Gallus auch, er habe Martin nie auf einem richtigen Stuhl sitzen sehen, sondern er habe sich beim Sitzen immer mit jenen bäuerlichen Hockern begnügt, „die wir anderen Gallier als *tabourets* bezeichnen, während ihr übrigen Gebildeten, oder doch zumindest du, der du aus Griechenland kommst, als Dreibein". Er hebt diese Einzelheit hervor, um zu zeigen, daß Martin anders war als die übrigen Bischöfe, die gern auf erhöhten Podesten thronten: „Ich habe einen so hoch droben thronen sehen, daß er aussah, als habe er das Podium eines Kaisers inne!"

An diesem Tag wurde die einsame Stille des seligen Martin gestört. Der erwähnte Arme sah, daß der Erzdiakon zögerte, ihm eine Tunika auszuhändigen, und so stürmte er in die Sakristei und beschwerte sich, der Kleriker habe ihn vergessen, und weinte und schrie, er friere entsetzlich. „Martin verbarg sich vor dem Armen, so daß er ihn nicht sehen konnte, legte aber auf der Stelle sein Chorhemd ab und zog seine Tunika aus, um sie dem Armen zuzuwerfen, der sie sich anzog und wegging."

Kaum ist das geschehen, kommt der Erzdiakon: Der Gottesdienst soll beginnen, das Volk wartet in der Kirche; in diesem Augenblick soll Martin an den Altar treten. Martin sagt zum Erzdiakon, zuerst müsse er noch den Armen bekleiden – und meint mit dem Armen sich selbst! Der Erzdiakon erfaßt die Lage nicht: Er sieht nicht, daß der Bischof unter seinem Chorhemd nicht mehr seine Tunika trägt und sich folglich nicht vor alle Leute hinstellen kann. Da entschuldigt sich der Erzdiakon wegen seiner Nachlässigkeit und sagt, allerdings sei der Arme inzwischen verschwunden. Martin antwortet darauf: „Das macht nichts. Bring mir nur das Kleidungsstück, ich finde den Armen schon, der es braucht."

Der Kleriker ist wütend und läuft in aller Eile in das der Kirche nächstliegende Geschäft, kauft eine billige Tunika aus zottiger Wolle, bezahlt sie mit fünf Silberstücken, bringt sie und wirft sie Martin vor die Füße mit den Worten: „Hier ist der Kittel, aber der Arme ist nicht mehr da."

Martin läßt sich nicht erschüttern und weist den Erzdiakon an, einen Augenblick vor der Tür zu warten; er zieht sich indes die Tunika unter und wirft darüber den Chorrock. So gab er sich alle Mühe, sagt Gallus, das, was er getan hatte, zu verheimlichen ... So gekleidet, betritt er schließlich die Kirche, um Gott das Opfer darzubringen.

Gallus bestätigt, er habe an diesem Tag selbst gesehen, daß aus dem Kopf Martins in dem Augenblick, als er den Altar geweiht habe, eine Art großer Feuerflamme gelodert sei, „die hell strahlend hoch in die Luft hinauf geflackert ist. Wir haben das an einem Tag gesehen, an dem sehr viele Menschen da waren, inmitten eine großen Menschenmenge; trotzdem haben es nur eine der Jungfrauen, einer der Priester und von den Mönchen drei gesehen."

In seiner nächsten Umgebung spielt auch die Geschichte von Clarus und Anatolus. Ersterer, Clarus, ist ein Mann aus dem Hochadel, der sich dem Gefolge Martins angeschlossen hat, vermutlich in Marmoutier. Er ist Priester geworden; gestorben ist er gerade zu der Zeit, als Sulpicius in seinem *Leben des heiligen Martin* seine Geschichte aufschrieb. Ein junger Mann namens Anatolus war gerade zu ihm gekommen und hatte ihm gesagt, er habe den Wunsch, ebenfalls als Mönch mit ihm und den anderen Brüdern zusammenzuleben. Dieser Anatolus hatte alle äußeren Anzeichen der Demut und Aufrichtigkeit. Aber nach einiger Zeit behauptete er, sehr häufig kämen Engel und unterhielten sich mit ihm. Zunächst glaubte ihm das niemand, aber nach und nach überzeugte er die anderen davon, daß er von Gott Botschaften empfange und man ihn als einen Propheten betrachten müsse. Clarus allerdings weigerte sich energisch, sich davon überzeugen zu lassen. Anatolus drohte ihm daraufhin den Zorn Gottes an und rief schließlich aus: „Siehe, in dieser Nacht wird mir Gott vom Himmel her ein weißes Kleid schenken. Ich werde es anziehen und mitten unter euch bleiben. Daß ich von Gott ein Kleid erhalten habe, soll für euch ein Zeichen sein, daß aus mir die Kraft Gottes wirkt."

Die Brüder sind von dieser Ankündigung beeindruckt und warten darauf, daß ihnen das verheißene Zeichen gegeben wird. Tatsächlich ist gegen Mitternacht ein seltsamer Lärm zu hören. „In der Zelle, in der der junge Mann eingeschlossen war, konnte man Lichtblitze zucken sehen, man vernahm den betäubenden Lärm kommender und gehender Wesen und etwas wie das Gemurmel unzähliger Stimmen. Dann kehrte wieder Stille ein, der junge Mann trat heraus, rief einen Bruder namens Sabatius zu sich und zeigte ihm die Tunika, in die er gekleidet war. Verblüfft rief dieser auch alle anderen herbei. Auch Clarus eilte hinzu, man holte ein Licht, und alle betrachteten aufmerksam das Gewand. Es war äußerst weich, von einer außergewöhnlichen Helle und leuchtendem Glanz, ohne daß man ausmachen konnte, aus welchem pflanzlichen oder tierischen Stoff es gewebt war. Doch beim Anschauen und Anfassen wirkte es wie ein gewöhnliches Kleid. Daraufhin lud Clarus seine Brüder ein, sich ans Gebet zu begeben, damit ihnen Gott deutlicher offenbare, um was es sich dabei handle. Den Rest der Nacht verbrachten sie also mit dem Singen von Hymnen und Psalmen.

Gleich bei Tagesanbruch nahm Clarus den Anatolus bei der Hand und wollte ihn zu Martin führen, weil er überzeugt davon war, daß Martin sich nicht von einem teuflischen Trick an der Nase herumführen lasse. Doch der Unglückliche sträubte sich dagegen laut schreiend mit Händen und Füßen. Er erklärte, es sei ihm ausdrücklich verboten, sich Martin vorzustellen. Aber sie zerrten ihn mit Gewalt zu Martin, und das Kleid zerging unter den Händen deren, die ihn dorthin zerrten, zu nichts."

Es hatte sich also um ein Trugbild gehandelt, mochte es teuflischer oder anderer Natur gewesen sein; den Bischof von Tours hätte es jedenfalls nicht täuschen können. Wenn Sulpicius diese Geschichte erzählt, schreibt er dem Anatolus ein ganz ähnliches Verhalten zu, wie es zu seiner Zeit tatsächlich bei manchen Menschen auftrat. So gab es zum Beispiel in Spanien einen jungen Mann, der sich für Elias ausgab, und schließlich erklärte er sogar, er sei Christus höchstpersönlich. Daraufhin erwies ihm ein Bischof namens Rufus, der diesem Betrug völlig aufsaß, regelrecht die Huldigung, so daß er von den anderen Bischöfen abgesetzt wurde. Ähnliche Menschen mit einem gewissen Talent zum Täuschen sind im Laufe der Zeit immer wieder aufgetreten. Sulpicius deutet sie als das Erscheinen der falschen Propheten, das in der Geheimen Offenbarung des Johannes angekündigt ist. In unserer Zeit wäre das wohl auf die Gurus oder Marabuts anzuwenden, die sich kurz vor dem Ende des 20. Jahrhunderts in zahlreichen Sekten alle nur erdenklichen Ehren erweisen lassen.

Im übrigen mußte Martin in seiner eigenen Umgebung zwar nicht volle Ablehnung, aber doch gelegentlich recht massive Angriffe erfahren. Solche bereitete ihm vor allem ein junger Gefährte, der in den Texten Brictio oder Brictius genannt wird und ihm später auf den Bischofsstuhl von Tours folgen sollte. In seiner Jugend hatte er regelrechte Wutanfälle gegen den Bischof, von denen Martin im übrigen nicht bezweifelte, daß sie vom Teufel ausgelöst würden. Eines Tages saß der Bischof wie gewohnt auf seinem hölzernen Hocker in einem kleinen Hof, der seine Zelle zu Marmoutier umschloß, als er sah, wie zwei Dämonen auf dem hohen Felsen, der das Kloster überragt, hockten und wild herumfuchtelten. Sie schrien: „Los, Brictius, los!" und zwar, wie es im Text der *Dialoge* heißt, „voll ausgelassener Fröhlichkeit". Sie sahen nämlich von weitem Brictius kommen und machten sich einen Spaß daraus, ihn wieder mächtig in Rage zu bringen.

„Es dauerte nicht lange, und Brictius stürzte herein. Er war maßlos wütend und tobte wie ein Irrer. Er schleuderte Martin tausend Beleidigungen an den Kopf. Der Grund dafür war, daß dieser ihn tags zuvor getadelt hatte." Vor seinem Eintritt in den Klerikerstand hatte Brictius gar nichts besessen, ja war durch die Mildtätigkeit Martins im Kloster ernährt worden. Jetzt unterhielt er eine Pferdezucht, hatte sich Sklaven angeschafft und, so heißt es im Text, „viele Leute warfen ihm vor, nicht nur Knaben barbarischer Rasse, sondern auch verrückte Mädchen gekauft zu haben". Derartige Vorwürfe hatten ihn rasend vor Wut werden lassen, und jetzt führte er sich Martin gegenüber derart aggressiv auf, daß er fast handgreiflich wurde. Doch Martins Gesicht blieb unverändert, er bewahrte die Ruhe; er versuchte Brictius zu beruhigen und ihm gütig zuzureden. Aber dieser ließ seiner Wut vollen Lauf; „mit bebenden Lippen, verzerrtem Gesicht, ganz bleich" schleuderte er Martin seine Beleidigungen entgegen und erwiderte die ihm gemachten Vorwürfe, indem er sich rühmte, heiliger als alle anderen zu sein. Er sei im Kloster groß geworden und von Martin persönlich erzogen worden, während dieser „sich mit den Schandtaten des Soldatenlebens befleckt" habe; und jetzt sei er in allen möglichen dummen Aberglauben verfallen „und werde ein alter Mann mit lauter Verbohrtheiten eines alten Mannes im Kopf".

Mit dem Mund immer noch voller beleidigender Worte, ging Brictius wieder weg. Doch mit einem Schlag blieb er mitten auf dem Weg, den er gekommen war, stehen. Der Erzähler schreibt den Gebeten Martins zu, daß die Dämonen plötzlich aus seiner Seele vertrieben waren, so daß darin „nur noch Platz für Gewissensbisse war. Da drehte sich Brictius stehenden Fußes um, kam zurück und warf sich Martin zu Füßen. Er bat ihn um Verzeihung und gestand seinen Irrtum. Als er so wieder zu klarem Verstand gekommen war, erkannte er, daß ihn ein Dämon angestachelt hatte." Martin blieb weiterhin so ruhig wie zuvor und erzählte, daß er gesehen habe, wie die Dämonen den Priester aufgehetzt hätten, und folglich habe er sich von den Beleidigungen, die jener ihm an den Kopf geworfen habe, gar nicht beeindrucken lassen.

Dieser Brictius war zweifellos kein einfacher Charakter. Sulpicius erzählt, er sei sogar vom bischöflichen Gericht wegen irgendwelcher Vergehen angeklagt worden, die er allerdings nicht genauer nennt. Als man sich bei Martin darüber beschwerte, gab er zur Antwort: „Wenn Christus den Judas ertragen hat, kann auch ich den Brictius ertragen." Sulpicius zieht aus dem Beispiel Martins die Lehre, man solle auf jeden, der mit Wut daherkommt, mit Geduld reagieren; Geduld und Gelassenheit schenkten den Sieg über die Wut und führten schließlich dazu, um Verzeihung zu bitten.

Diese Geschichte mag der Anlaß sein, sich genauer mit Martins Kampf gegen den Teufel zu befassen, von dem wiederholt in seiner Lebensbeschreibung die Rede ist. In manchen Fällen, wie demjenigen des Brictius, liegt der Gedanke nahe, von Dämonen zu reden sei nur eine bildhafte Sprache für die Beschreibung eines Wutanfalls, der den Menschen außer sich sein läßt; aber in anderen Fällen wird ausdrücklich eine Gegenwart des Teufels genannt und beschrieben. So erschien Martin eines Tages im Gebet eine Lichtgestalt, die wie ein Herrscher gekleidet war. „Sie trug auf dem Kopf ein Diadem aus kostbaren Edelsteinen und Gold und hatte brokatene Schuhe an den Füßen, wirkte heiter und lächelte freundlich." Martin unterbrach verblüfft sein Gebet. Lange verharrten beide Seiten im Schweigen, bis die Erscheinung das Wort ergriff: „Martin, erkenne den, den du siehst. Ich bin Christus. Gleich als ich auf die Erde herabgestiegen bin, war es mein dringender Wunsch, mich dir zu offenbaren." Martin verharrte im

Schweigen, und die Erscheinung wiederholte ihre Behauptung: „Martin, was zögerst du? Glaube, denn du siehst, ich bin Christus."

Martin gab eine unerwartete Antwort: „Der Herr Jesus hat nicht vorgehabt, sich in purpurner Kleidung und mit einem glänzenden Diadem zu zeigen. Ich würde eher glauben, daß Christus zu mir gekommen sei, wenn ich ihn in der Kleidung und Gestalt vor mir sähe, die er während seines Leidens hatte, und wenn er deutlich die Wundmale tragen würde." Bei dieser Antwort verging die Erscheinung; sie löste sich wie eine Rauchwolke auf und hinterließ in der Zelle „einen solchen Gestank, daß der Beweis eindeutig war, daß es sich um den Teufel gehandelt hatte".

Sulpicius fügt noch ergänzend hinzu, er habe selbst aus dem Mund Martins gehört, daß bei ähnlichen Berichten „ja niemand glauben solle, das seien bloße Ammenmärchen".

Hier noch eine weitere, diesmal dramatischere Begebenheit: „Eines schönen Tages drang der Teufel in seine Zelle ein. Er grunzte laut, trug in der Hand das blutende Horn eines Rinds, zeigte seine blutverschmierte Rechte und berichtete voller Genugtuung, er habe gerade eine Übeltat begangen: ‚Wo ist deine Macht, Martin? Ich habe gerade einen der Deinen getötet!' Noch zur selben Stunde rief der Mann Gottes seine Brüder zusammen und berichtete ihnen, was der Teufel verkündet habe. Er wies sie an, sorgfältig alle Zellen zu durchsuchen, um herauszufinden, wem da womöglich etwas zugestoßen sei. Sie meldeten ihm, kein einziger Mönch fehle, aber ein Bauer, den man für einen Holztransport angestellt habe, sei in den Wald gegangen. Martin gab also Weisung, einige Mönche sollten diesem entgegengehen. So fand man unweit des Klosters den Fuhrmann, der gerade im Sterben lag. Mit seinen letzten Atemzügen erklärte er den Brüdern, wie es zu seiner tödlichen Verwundung gekommen sei: Er habe seinen Rindern gerade das Joch aufgelegt und sei im Begriff gewesen, die Zugriemen zu befestigen, die sich gelöst hätten, als sich jäh ein Rind umgewandt, den Kopf aus dem Joch gerissen und ihm sein Horn in den Bauch gestoßen habe. Kurz darauf verschied er."

Nicht alle Erscheinungen haben diesen dramatischen Charakter; aber Martin muß sich wiederholt gegen den Teufel verteidigen, und dazu verwendet er nur eine einzige Waffe: das Zeichen des Kreuzes und das Gebet. Einige Mönche bezeugen, sie hätten gehört, wie der Dämon Martin Vorwürfe darüber gemacht habe, daß er „einige Brüder, die vordem infolge ihrer Zuwendung zu verschiedenen Irrlehren die Taufgnade verloren hätten, nach ihrer Bekehrung ins Kloster aufgenommen habe. Der Teufel habe ihm ihre jeweiligen Fehler aufgezählt. Um ihm die Stirn zu bieten, habe Martin mit Festigkeit erwidert, ihre früheren Fehler seien durch ihr gegenwärtiges besseres Verhalten getilgt, und im Namen der Barmherzigkeit Gottes solle man diejenigen, die zu sündigen aufgehört hätten, von ihren Sünden lossprechen." Als der Teufel entgegnet habe, ein Schuldiger bleibe ein Schuldiger, habe Martin ausgerufen: „Gesetzt den Fall, du selbst, Elender, würdest jetzt, wo der Tag des Gerichts nahe ist, ablassen, den Menschen nachzustellen und deine Missetaten bereuen, so würde ich sogar dir für meinen Teil Verzeihung gewähren, denn so großes Vertrauen habe ich auf die Gnade meines Herrn Jesus Christus." Schwerlich läßt sich das Prinzip des Verzeihens noch konsequenter anwenden, als Martin es hier tat.

Solche Berichte über direkte Begegnungen mit dem Teufel, dem Negativwesen, können in unserer Zeit als ganz und gar legendär und realitätsfremd erscheinen. Doch es ist noch gar nicht so lange her, da hat ein anderer Heiliger, Jean-Marie Vianney, der 1859 gestorben und 1925 heiliggesprochen worden ist, berichtet, er habe ebenfalls die Attacken des Teufels erlebt, den er „le grappin" (den „Greifer") nannte, und es ist schwierig, die Aufrichtigkeit des Pfarrers von Ars in Zweifel zu ziehen. In bestimmten Fällen hatten übrigens seine Mitbrüder im Priesteramt, die eher geneigt waren, ihn nicht ganz ernst zu nehmen, mit Gewißheit seine physischen Kämpfe gegen den „grappin" mitbekommen, der ihn tätlich angriff und mißhandelte, aber nie zu bezwingen vermochte.

Abgesehen von der Frage nach der genauen Beschaffenheit dieser Phänomene läßt sich sagen, daß es gelegentlich ein Stilmittel ist, von der besonders feindseligen Haltung eines Mitmenschen zu sagen, dahinter stecke der Teufel; wichtiger jedoch ist: Die bevorzugte Waffe Martins gegen dieses negative Leben ist das Zeichen des Kreuzes. Es wurde übrigens darauf hingewiesen, daß dieses Zeichen seit dem 4. Jahrhundert im Gebrauch ist. Diese christliche Geste ist also erst spät aufgekommen. Wahrscheinlich lag es am Frieden, der der Kirche beschieden war, sowie an der Auffindung des Kreuzes Christi durch die heilige Helena, daß es von da an zum Bekenntniszeichen des Christen wurde.

VII
Die Frauen

Die Frauen nehmen im Leben Martins wenig Platz ein. Es ist von Frauen die Rede, die er heilt, wie das Mädchen von Trier, aber insgesamt ist er ein Mensch seiner Zeit in dem Sinn, daß auch er die Distanz zwischen Mann und Frau wahrt, die in der Antike üblich war. Zwar gab es die Martyrerinnen, die die Kirche zur Ehre der Altäre erhob, was die damalige Gesellschaft sehr erstaunlich fand, vor allem, wenn es sich um Martyrerinnen handelte, die wie Blandina einfache Sklavinnen waren, die man nicht wie Personen behandelte, sondern über die man wie über Gegenstände verfügen konnte. Aber selbst wenn es von Anfang an mehr heilige Frauen als heilige Männer gegeben hat, konnten die Frauen nur ganz allmählich einen einigermaßen anerkannten Platz in der Kirche einnehmen. Erst im Jahrhundert zuvor war die Jungfrau Maria zum Gegenstand ernsthafter theologischer Überlegungen geworden. Als man seinerzeit 431 auf dem dritten ökumenischen Konzil von Ephesus der Jungfrau Maria den Titel „Gottesmutter", *theotokos*, zuerkannte – es ging dabei um eine Frage der Christologie, nicht der Mariologie –, akzeptierten das einige Ostkirchen nicht. Zur Zeit Martins hätte sich noch kein Mensch die Doppelklöster des 7. Jahrhunderts vorstellen können, wo die Mönche und Nonnen zwar in getrennten Gebäuden lebten und nur in der Kirche zusammenkamen, aber gemeinsam unter der Autorität nicht eines Abtes, sondern einer Äbtissin standen. Bis dahin sollten drei Jahrhunderte ins Land gehen, und es dauerte noch sehr lange, bis die Frau in der Gesellschaft als dem Mann gleichwertig anerkannt wurde. Die ganze Antike hindurch waren die Frauen aus dem öffentlichen Leben ausgegrenzt gewesen, und sie waren vorwiegend als Objekt der Begierde betrachtet worden.

So ist eine Anekdote dafür bezeichnend, die Sulpicius in seinen *Dialogen* überliefert. Darin wird erzählt, Martin habe von einer Klausnerin eine Lektion in Sachen konsequenter Strenge erhalten und habe sich darüber gefreut. Geben wir Gallus das Wort, der die Begebenheit überliefert: „Sulpicius, ich glaube, du erinnerst dich, mit welcher Begeisterung Martin von der Strenge einer berühmten Jungfrau sprach. Sie hatte sich vollständig gegen alle Menschen abgeschlossen; sogar Martin zu empfangen weigerte sie sich, der sie besuchen wollte, um ihr seine Reverenz zu erweisen. Einmal kam er in der Nähe des kleinen Grundstücks vorbei, auf dem sie sich aus scheuer Zurückhaltung bereits seit etlichen Jahren eingeschlossen hatte. Er hatte von ihrem Glauben und ihrer Tugend erzählen hören, und so machte er einen Umweg, um einer offensichtlich so verdienstvollen Jungfrau durch seinen bischöflichen Besuch in Andacht Ehre zu erweisen. Wir anderen, die ihn begleiteten, glaubten, diese Jungfrau werde sich freuen, als Bestätigung ihrer Tugend diese Ehre erwiesen zu bekommen. Bestimmt würde sie, wenn ein so berühmter Bischof komme, um seinetwillen eine Ausnahme von ihren rigorosen Grundsätzen machen. Aber sie lockerte keineswegs die Bande ihres heroischen Gelübdes, auch nicht mit Rücksicht auf Martin. Sie ließ dem Seligen durch eine andere Frau ihre glorreiche Entschuldigung überbringen. Er aber entfernte sich voller Freude von der Pforte dieser Jungfrau, die ihm nicht gestatten wollte, sie zu sehen und zu begrüßen." Martin ist weit davon entfernt, dieses Verhalten als Brüskierung aufzufassen und beleidigt zu sein, sondern er ist des Lobes voll über die Tugend dieser Frau, die sich seit Jahren Gott geweiht hat und sich nicht von ihm besuchen läßt.

Gallus fährt dann in seinem Bericht fort: „Da uns die anbrechende Nacht zwang, nicht unweit dieses kleinen Hauses Quartier zu machen, sandte dieselbe Jungfrau dem Seligen ein Gastgeschenk. Martin tat daraufhin etwas, was er bislang noch nie getan hatte, denn noch nie hatte er von jemandem ein Gastgeschenk noch sonst irgend ein Geschenk angenommen. Dieses Mal jedoch nahm er alles, was ihm die ehrwürdige Jungfrau gesandt hatte, ohne Widerstreben an. Er sagte, ein Bischof dürfe nicht die gesegneten Geschenke dieser Jungfrau abweisen, denn sie sei mehr wert als viele Bischöfe."

Gallus zieht daraus den einzigen Schluß, den man anscheinend in seiner Zeit daraus ziehen kann: „Den Jungfrauen sollte das ein leuchtendes Beispiel sein. Wenn sie vor den ‚Bösen' die Tore verschlossen halten wollen, sollen sie sie genauso vor den ‚Guten' versperren." In seinen Augen kann man nie genug tun, um gegenseitig auf Distanz zu bleiben. Es folgen noch einige weitere eigene Überlegungen des Gallus über dieses merkwürdige Erlebnis: „Eine Jungfrau wollte sich von Martin nicht sehen lassen. Es war eindeutig nicht irgendein beliebiger Bischof, den diese Jungfrau abgewiesen hat; der Mann, um den es sich handelte, ist der, dessen Anblick dem Betreffenden zum Segen gereicht. Aber welcher Bischof außer Martin hätte das nicht als Affront aufgefaßt? Wie zornig wäre jeder andere auf die heilige Jungfrau geworden! Er hätte sie für häretisch gehalten, er hätte über sie den Bann verhängt. Er hätte dieser heiligen Seele die anderen Jungfrauen vorgezogen, die nur allzugern immer wieder Gründe finden, um zum Bischof zu gehen, und die ihm üppige Mähler bereiten und sich mit ihm zu Tisch setzen!" Er ergänzt seine Schelte mit dem Zusatz: „Wenn ich die Tugend dieser Jungfrau rühme, so will ich damit keineswegs das Verdienst derer in Abrede stellen, die oft aus weit entfernten Gegenden kommen, um Martin aufzusuchen." Ja, er vergleicht sie sogar mit jenen Engeln, die genauso danach verlangten, den seligen Martin zu besuchen.

Man sieht hier, welches gegenseitige Mißtrauen damals noch zwischen Mann und Frau herrscht. Das wundert nicht in einer Gesellschaft, die sich kaum von den sittlichen Prinzipien der Antike gelöst hat. Zu der Zeit, in der sich Sulpicius und Gallus über Martin unterhalten, hat der römische Senat noch nicht die Tötung von Mädchen nach der Geburt verboten, die in der römischen Antike gang und gäbe war. Die Rechtsbücher bezeichnen das beschönigend als vorsätzliches Entfernen der jüngeren Mädchen; im allgemeinen ließ man nämlich nur die älteste Tochter für die Fortpflanzung leben, während die weiteren Töchter umgebracht wurden. Unsere Entrüstung sollte nicht zu pauschal sein: Noch in unserem zwanzigsten Jahrhundert muß man bestürzt feststellen, daß es in bestimmten Ländern Asiens üblich ist, die zweit- und drittgeborene Tochter einer Familie zu töten; und dort, wo sich die Familie auf staatliche Anordnung mit einem einzigen Kind begnügen muß (!), wie zum Beispiel in China, sorgen recht viele Mütter dafür, daß dieses überlebende Kind ein Junge ist ... Diese monströse Auswahlmöglichkeit verschafft ihnen heutzutage der wissenschaftliche Fortschritt, in diesem Fall die Ultraschall-Untersuchung. Hier sei nur noch gesagt, daß es auch in unseren modernen Gesellschaften noch großer Fortschritte bedarf, bis Mann und Frau tatsächlich als voll gleichrangig gelten, was sie nach der Lehre der Bibel als Geschöpfe Gottes sind.

Zur Zeit Martins sind die Christen dafür bekannt, daß sie alle ihre Kinder, Mädchen wie Jungen, behalten; zahlreiche Frauen sind zur Ehre der Altäre erhoben worden: Man ruft sie als heilige Fürsprecherinnen sogar im Verlauf der liturgischen Eucharistiefeier an, was für viele Neubekehrte sicher ein Anlaß großer Verwunderung ist. Dennoch bleibt auch seitens der Christen den Frauen gegenüber ein gewisses Mißtrauen. Die Frau bleibt die Verführerin zur Sünde; es ist sicherer, sowohl für sie wie für die anderen, seien es Religiosen oder Laien, daß sie unsichtbar hinter Klausurmauern bleibt. Im übrigen ist es merkwürdig, zu beobachten, wie sich diese Einstellung verstärkt wieder im 16. Jahrhundert durchsetzt. Damals wird ausdrücklich die Gründung nichtklausurierter Frauenorden verboten. Sogar die Gründung des Ordens der Heimsuchung, der ursprünglich ausdrücklich das Ziel hatte, die Armen „heimzusuchen", d. h. in ihren Quartieren zu besuchen, wurde nur unter der Bedingung gestattet, daß die Schwestern die Klausur einhielten. Bekannt ist, daß der heilige Vinzenz von Paul bei der Gründung der „Barmherzigen Schwestern" unermüdlich betont hat, sie seien keine Ordensfrauen und sollten nicht den Schleier tragen, denn das hätte unvermeidlich zur Folge gehabt, daß sie hinter Klausurmauern gesperrt worden wären. Er wollte ja gerade, daß sie einer dringenden Notwendigkeit der damaligen Zeit entsprechen sollten: den Armen nachgehen und sich auch in die heruntergekommensten Viertel wagen, um gegen jenes Elend und jene Krankheiten der ärmsten Menschen anzugehen, die gerade im 17. Jahrhundert so schrecklich um sich griffen.

Erst zur Zeit des Feudalismus ist es so weit, daß sich die Frau einigermaßen der Gleichheit mit dem Mann erfreut; das heißt, Mann und Frau genießen die gleichen Rechte, jedes gemäß seiner Natur und unter Wahrung seiner Identität und folglich unterschiedlich, was sie ja auch bleiben sollen. Was noch fehlt, ist das Recht, daß auch eine Königin regieren kann, und zwar auch allein, wenn ihr Mann abwesend oder gestorben ist. Der Orden von Fontevraud läßt zu Anfang des 12. Jahrhunderts wieder aufleben, was es bereits seit dem 7. Jahrhundert gegeben hat: Doppelklöster, an deren Spitze eine Äbtissin und nicht ein Abt steht; das ist ganz bezeichnend für die so verstandene und gelebte Gesellschaftsordnung.

Im Zeitalter Martins wird im klösterlichen Bereich eine strikte Trennung zwischen Männern und Frauen verlangt. Als Beispiel dafür wird jener ehemalige Soldat vorgestellt, der sein Koppel in der Kirche abgelegt hatte, um die

Mönchsprofeß abzulegen, während seine Frau ebenfalls in ein Kloster eintrat. Doch eines Tages kam er zu Martin und sagte, er wünsche, daß seine Frau zu ihm zurückkomme, er jedoch sein Mönchskleid und sein Einsiedlerleben nicht aufgeben wolle. Er wolle auch gar nicht wieder mit ihr wie Mann und Frau zusammenleben, sondern eben einfach wieder mit ihr zusammen sein. Martin stellt ihm daraufhin die Frage: „Sage mir, warst du jemals im Krieg? Hast du einmal in einer zum Kampf aufgestellten Armee gestanden?" Der Soldat gab zur Antwort: „Häufig habe ich im Heer in Gefechtsordnung gestanden, und oft bin ich im Krieg gewesen." Darauf Martin: „Sage mir also, hast du in diesem Heer, das sich gefechtsbereit gehalten oder bereits von Mann zu Mann mit blankem Schwert gegen das feindliche Heer gekämpft hat, jemals eine Frau gesehen, die aufrecht in Reih und Glied mit den Soldaten mitgekämpft hat?" Da wurde der Soldat vor Scham ganz rot; er bedankte sich beim Bischof, daß er ihn nicht habe in den Irrtum laufen lassen, sondern auf den rechten Weg zurückgebracht habe; und das nicht mittels herber Vorwürfe, sondern dank eines wahren und passenden Vergleichs, der für einen Soldaten genau das Richtige gewesen sei."

Martin zog daraus für seine Gefährten den Schluß: „Die Frau darf nicht ins Lager der Männer gehen; das Heer der Soldaten muß sich abseits halten; die Frau muß ihnen fern bleiben und getrennt von ihnen in ihrem eigenen Zelt wohnen. Eine Armee verliert ihre Ehre, wenn sich unter die Kohorten der Männer eine Schar Frauen mischt. Der Soldat muß an seiner Stelle auf dem Schlachtfeld kämpfen, die Frau muß hinter den Mauern der Befestigung bleiben. Auch sie erringt sich Ehren, und zwar, indem sie in Abwesenheit ihres Mannes die Keuschheit wahrt; ihre oberste Tugend, ihr höchster Sieg besteht darin, nicht gesehen zu werden."

Dieser Bescheid, der uns heute übermäßig streng erscheinen mag, ist jedenfalls dem damaligen Zeitalter und der betreffenden Situation angemessen. Martin ist selbst

Soldat gewesen und weiß, wie eine kampfbereit aufgestellte Armee beschaffen sein muß.

Im übrigen hindert nichts daran, aus dem Bericht insgesamt einen allgemeineren Schluß zu ziehen: Die Frau interessiert sich nicht für den Krieg; sie kennt mehr als der Mann den Preis des Friedens. Die Frau hält von Natur aus den Krieg für noch schrecklicher, als das der Mann tut. Am Ende unseres 20. Jahrhunderts, das von Sarajewo 1914 bis Sarajewo 1995 ständig neue Kriege erlebt hat, in denen die Zivilbevölkerung immer schlimmer in Mitleidenschaft gezogen wurde, kann man sich die Frage stellen, ob die Frauen nicht eines Tages gegen dieses Übel massiv aufbegehren sollten. Was würde geschehen, wenn sie zahlenmäßig stärker wären und die wichtigsten Posten in denjenigen internationalen Gremien einnähmen, die behaupten, gegen den Krieg zu sein, von der UNO bis zur NATO? Bis jetzt haben sie darin nur eine sehr untergeordnete Rolle gespielt. Wäre nicht das ein angemessener Wunsch für das 21. Jahrhundert, daß sie die Mehrheit erlangen und effektiv die Kriege unterbinden können? Wer weiß, vielleicht fänden die Frauen leichter als die Männer die Wege des Friedens. Einen Versuch wäre es jedenfalls wert.

Im übrigen bedeutete damals, aus Liebe zu Gott den Stand der Jungfrauschaft oder des Zölibats zu wählen, daß man Lebensgewohnheiten und gesellschaftliche Vorstellungen aufgab, die jahrhundertelang gang und gäbe gewesen waren. Ähnlich steht es ja um die Frage der Sklaverei, die noch im 4. Jahrhundert etwas ganz Natürliches zu sein schien, selbst wenn die Konzilien bereits diejenigen exkommunizierten, die einen ihrer Sklaven töteten.

Auf derselben Linie liegt es, wenn wir zum Schluß noch einen Vergleich zitieren, den Martin brauchte, als er gerade mit seinen Mönchen eine große Wiese überquerte: „Da war eine Wiese, und ein Teil war von den Rindern abgeweidet, ein anderer sogar von den Schweinen durchwühlt; der Rest war unberührt geblieben. Auf ihm wuchs das

Frühjahrsgras, und er prangte über und über in der Pracht vielfältiger Blumen. Schaut, der Teil der Wiese, der vom Vieh abgeweidet ist, ist ein Symbol der Ehe. Er hat zwar nicht völlig seine schönen Gräser verloren, aber seine Blumenpracht ist dahin. Der andere, von den Schweinen, also den unreinen Tieren, durchwühlte Teil, ist ein Bild für die scheußliche Unzucht. Der dritte Teil dagegen, der keinerlei Schaden erlitten hat, führt die Herrlichkeit der Jungfrauschaft vor Augen: Sie ist fruchtbar an üppigsten Kräutern, sie verspricht eine hervorragende Heuernte, sie kleidet sich in außergewöhnliche Schönheit, sie schmückt sich mit herrlichen Blumen, die wie Edelsteine glänzen. Welch seliges Schauspiel, und wie sehr Gottes würdig: denn nichts ist mit der Jungfrauschaft zu vergleichen." Dann fährt er fort und wettert gegen den Irrtum der Häretiker, die die Ehe mit der Unzucht gleichsetzen, was genauso falsch sei wie die Ansicht derjenigen, die die Ehe auf dieselbe Stufe stellen wie die Jungfrauschaft. Zitieren wir noch: „Die Ehe verdient Nachsicht, die Jungfrauschaft verspricht Herrlichkeit, die Unzucht ruft nach Strafe, es sei denn, sie erlange durch Buße Vergebung."

Unser Zeitalter wäre zweifellos sensibler, wenn es um die Berufung für die verschiedenen Lebensstände geht; sie würde das Hauptgewicht auf die Berufung zu Ehe legen, die nicht weniger wichtig ist als die Berufung zum gottgeweihten Leben.

Die Bedeutung der Jungfrauschaft wurde in den Jahrhunderten, die man das Mittelalter nennt, voll erfaßt und anerkannt und die Überzeugung, daß Maria Jungfrau geblieben sei, war über jeden Zweifel erhaben. In unseren Tagen wirkt es fast lächerlich, wenn einige Schriftsteller jetzt den Einwand erheben, an verschiedenen Stellen der Evangelien sei doch von „Brüdern Jesu" die Rede, was tatsächlich stimmt (siehe Matthäus 12, 46; Markus 3, 31–35; Johannes 2, 12 und 7, 3–10). Dabei beachtet man jedoch nicht, daß die griechische Sprache für Bruder, Elternteil oder Vetter nur ein einziges Wort kennt, *adelphos*[5]; wie hätten folglich die Evangelisten die Verwandten Jesu aus den Familien Marias und Josefs anders bezeichnen sollen! Zur damaligen Zeit legte man keinen Wert darauf, jeweils präzise den Verwandtschaftsgrad der einzelnen Familienmitglieder anzugeben. In früheren Jahrhunderten schien es zu genügen, sich zum Beispiel an das letzte Wort Jesu an seine Mutter zu erinnern: „Frau, siehe, *dein* Sohn!", bevor er am Kreuz starb (Johannes 19, 26). Heute wird der Sohn eher von der sexuellen Zeugung her definiert, und nicht mehr von der Mitgliedschaft in der Familie und ihren Konsequenzen her.

Merkwürdigerweise kann man im 16. Jahrhundert beobachten, wie sich im Lauf der damaligen Rückbesinnung auf das römische Recht und auf Grund des juridischen Denkens, das sich daraus für die Gesellschaft ergibt, auch die Situation der Frau wieder den Verhältnissen in der Antike annähert. Sie wird wieder zuerst ganz der Obhut ihres Vaters unterstellt, und dann derjenigen ihres Mannes. Diese Tendenz verstärkt sich dann noch im 19. Jahrhundert mit dem französischen Code civil, in dem die Frau gar nicht vorkommt, ebenso wie sie auch im öffentlichen und privaten Recht der Römerzeit kein Rechtssubjekt war. Erst im Lauf des 20. Jahrhunderts und zum großen Teil unter dem Einfluß äußerer Umstände (der unablässigen Kriege usw.) erhält die Frau nach und nach trotz des Code civil einige Rechte auf selbständiges Handeln und vor allem auf Entscheidungsfreiheit.

In diesem Zusammenhang sei angemerkt, daß die Entwicklungskurve der Rechte der Frau merkwürdigerweise genau so verläuft wie diejenige des Instituts der Sklavenhaltung. Denn völlig paradoxerweise feiert ebenfalls im 16. Jahrhundert, das sich als christliches Zeitalter bezeich-

---

[5] Dazu wurde noch das Wort *exadelphos* verwandt, um ausdrücklich den Vetter zu bezeichnen (in Wirklichkeit bezeichnete er den Neffen).

net, die Sklaverei ihre Auferstehung. Aus den französischen Gesetzen verschwindet sie erst 1848, aus denjenigen anderer Staaten, zum Beispiel Brasiliens, dagegen erst sehr viel später.

In der Zwischenzeit, halten wir das fest, war die Sklaverei im christlichen Europa völlig verschwunden gewesen. Seit dem 4. Jahrhundert finden massenhafte Freilassungen von Sklaven statt. Diese Freilassungsbewegung breitet sich immer weiter aus, und seit im 7. Jahrhundert die Königin Bathilde die letzten Sklavenmärkte in ihrem Königreich verboten hatte, gab es in Europa praktisch keine Sklaven mehr. Die Leibeigenschaft, die man mit der Sklaverei hat vergleichen wollen, ist etwas Grundverschiedenes, denn dabei wird der Untertan als Person und nicht als Sache gesehen. Er hat das Recht auf Familiengründung; das ihm übertragene Lehen darf ihm zu seinen Lebzeiten nicht entzogen werden und ist zum Teil sogar erblich. Im 13. Jahrhundert konnte Philippe de Beaumanoir schreiben: „Niemand ist Sklave in diesem Reich." Kein Mensch hätte gedacht, daß dann mitten in einer christlichen Zivilisation die Sklaverei in den amerikanischen Kolonien wieder auferstehen würde, man sie völlig guten Gewissens vierhundert Jahre lang beibehalten würde und daß es sich bei den Sklavenhaltern um Schiffseigner, Händler und Großgrundbesitzer handelte, die sich alle als „christliche" Familienväter verstanden.

VIII
Der Fall Priscillian

Im Leben Martins gibt es eine Begebenheit, die ihn nachhaltig geprägt hat und von der er selbst sagt, er habe Mühe gehabt, damit zurechtzukommen. Das Vorkommnis ist recht kennzeichnend, denn es erscheint wie ein Vorläufer der Inquisition oder jedenfalls wie die erste Versuchung dazu: daß die geistliche Gewalt die zeitliche Gewalt zu Hilfe nimmt, in der Hoffnung, mit ihrer Hilfe eine Häresie und alle ihre Vertreter loszuwerden. Das ist die Zuflucht zu einer billigen Lösung, die zumal in Zeiten verlockend wirkt, wo sich die Häresien häufen. Martin wollte diese Lösung verhindern. Es handelt sich um den Fall des Priscillian, der zu seiner Zeit viel Tinte hat fließen lassen, und dann wieder in der unsrigen, denn 1889 sind zu diesem Vorfall bislang nicht ausgewertete Dokumente gefunden und veröffentlicht worden.

Priscillian war ein reicher und hochgebildeter Spanier aus angesehenem Haus. Er verbreitete Lehren, die gnostische und manichäische Irrtümer enthielten; diese hatte er mit magischen Praktiken verquickt, mit denen er sich, wie es hieß, schon seit seiner Jugend befaßt habe. Er war von etlichen begeisterten Anhängern und Anhängerinnen umgeben, und im übrigen genoß er die Sympathie mehrerer Bischöfe. Schließlich wurde er selbst zum Bischof von Avila ernannt. Priscillian lehrte, die Seele des Menschen sei ein Partikel der göttlichen Substanz. Mit einer Art von fatalistischer Astrologie vertrat er, die Seelen würden von Engeln gelenkt, um eine Reihe von Sphären zu durchwandern, in denen sie den Mächten des Bösen ausgesetzt und in bestimmte Körper verpflanzt würden; darin bekämen sie die Folgen einer Verurteilung zu spüren, die schließlich Christus aufgehoben habe, indem er sie ans Kreuz geheftet habe. Er berief sich dabei auf das Gleichnis vom Sämann im Evangelium und erläuterte, dieser Sämann streue die Seelen in Körper seiner Wahl aus.

Mit seiner von Astrologie und Philosophie durchsetzten merkwürdigen Lehre leugnete Priscillian die Dreifaltigkeit. Er betrachtete die Seele als Partikel Gottes, der in die Materie gefallen sei, und die Schöpfung als eine Art Fegefeuer für die schuldig gewordenen Menschen. Hinzu kommt, daß Priscillian seine Anhänger dazu verpflichtete, Außenstehenden nur einen Teil ihrer Lehre bekannt zu machen. Zitiert wird von ihm eine Anweisung, die lautet: „Schwöre, leiste Meineide, wahre um jeden Preis dein Geheimnis." Das bedeutet, seine Anhänger sollten sich mit allen Mitteln davor hüten, den gewöhnlichen, irdisch gesinnten Menschen den spirituellen Sinn zu offenbaren, der den Eingeweihten vorbehalten war. Manche führten die Häresie der Priscillianisten auf die Lehren des Magiers Simon zurück, der in der Heiligen Schrift genannt wird.

Priscillian und seine Jünger, darunter etliche Frauen, verursachten in Spanien viel Unruhe; man beschuldigte sie der Unmoral, ja behauptete, sie veranstalteten obszöne Riten. Schließlich brandmarkte im Jahr 380 ein Konzil zu Saragossa, das aus einem Dutzend Bischöfen bestand, die Irrtümer des Priscillian und erklärte ihn sowie zwei Bischöfe, Instantius und Salvian, die ihn unterstützten, als der Häresie verdächtig. Im Gegenzug beriefen diese beiden Bischöfe prompt Priscillian, der bis dahin nur Laie gewesen war, auf den Bischofsstuhl von Avila. Zwei andere Bischöfe, die am Konzil zu Saragossa teilgenommen hatten, Hydacus, der Bischof von Merida und Ithacus, der Bischof von Ossonuba, wurden damit beauftragt, ihm den Urteilsspruch der Exkommunikation zu überbringen.

Diese beiden Bischöfe hielten es jedoch für angeraten, sich an die weltliche Macht in Person des Kaisers Gratian zu wenden, damit er die Häretiker aus ihren Diözesen entferne. Er schickte sie in die Verbannung, und es wurde ihnen verboten, sich ihrem bisherigen Wirkungsort auf weniger als hundert Meilen zu nähern. Daraufhin beschlossen die drei verurteilten Bischöfe Instantius, Salvian und Priscillian, ihre Angelegenheit dem Papst Damasus in Rom vorzutragen. Sie reisten durch Aquitanien, wurden gastlich in der Stadt Eauze aufgenommen und gewannen dort einige Anhänger für ihre Lehre; dagegen wies sie der Bischof Delphinus von Bordeaux ab. Auf dem Gut einer Frau namens Euchrotia fanden sie Aufnahme. Euchrotia schloß sich zusammen mit ihrer Tochter Procula der Gruppe an. Sie sollte später angeklagt werden, mit Priscillian suspekte Beziehungen zu unterhalten; tatsächlich wurde sie schwanger und unternahm verschiedene Versuche, diesen Zustand zu beheben.

Die kleine Gruppe kam schließlich nach Rom, wo sich Papst Damasus kategorisch weigerte, sie zu empfangen. Indes starb einer der Bischöfe, nämlich Salvian. Die anderen traten die Rückreise an und versuchten, beim Bischof Ambrosius von Mailand vorzusprechen. Auch dieser versperrte ihnen wie Papst Damasus die Tür. Doch gewannen sie einen kaiserlichen Beamten für ihre Sache, einen einflußreichen Mann namens Macedonius. Der verschaffte ihnen ein Reskript, das ihnen erlaubte, nach Spanien in ihre jeweiligen Kirchen zurückzukehren, und er empfahl sie dem spanischen Prokonsul, einem gewissen Volventius. So kamen sie schließlich wieder in ihr Land zurück, waren vollkommen frei, ja fühlten sich sogar als Sieger. Jetzt begannen dagegen heftige Angriffe gegen den Bischof Ithacus von Ossonuba, der schließlich nach Gallien fliehen mußte. Er versuchte, sich an den Kaiser zu wenden, was Macedonius jedoch zu verhindern wußte; schließlich nahm Ithacus Zuflucht in Trier. Das geschah im Jahr 382.

Indessen ereignete sich ein Soldatenaufstand: Die zu Trier vereinten Armeen ernannten Maximus zum Kaiser, der Spanier war. Er war ein früherer Assistent des Theodosius gewesen. Als Maximus in Trier einzog, gelang es Ithacus, der beim Trierer Bischof Brito Zuflucht gefunden hatte, bei ihm eine Audienz zu bekommen und ihn vor Priscillian und seiner Sekte zu warnen. Die Folge war, daß der Präfekt von Gallien und der Vertreter des Kaisers in Spanien den Befehl erhielten, Instantius und Priscillian zu verhaften und sie nach Bordeaux zu bringen, wo sie sich vor einem Konzil verantworten sollten.

Instantius wurde als erster vernommen. Es gelang ihm nicht, seine Richter zu überzeugen; er wurde seines Amtes enthoben. Priscillian fühlte sich vom selben Schicksal bedroht und beschloß, direkt an den Kaiser zu appellieren.

Übergeben wir hier Sulpicius Severus in seiner *Chronik*[6] das Wort. „Priscillian wollte nicht vor das Tribunal der Bischöfe (des Konzils von Bordeaux) treten und appellierte an den Kaiser (Maximus). Dieser Appell wurde infolge der Unentschiedenheit unserer Bischöfe möglich. Sie hätten ihr Urteil sprechen sollen, auch wenn der Betreffende nicht erschienen wäre, oder wenn sie selbst sich befangen gefühlt hätten, wäre es richtig gewesen, daß sie die Angelegenheit an andere Bischöfe delegiert hätten. Auf keinen Fall hätten sie einen Streitfall dieser Art, in dem die Vergehen so offensichtlich waren, an den Kaiser abtreten sollen."

Es ist tröstlich für uns, daß sich Sulpicius Severus also eindeutig gegen die Praxis ausspricht, daß sich die Geistlichkeit im Streit um eine Häresie an die weltliche Macht wendet. Dies ist immer eine gefährliche Versuchung; sie hat bedauerliche Folgen, wie etwa die ganze Reihe von Verbannungen des Athanasius. So ist es gut, daß der Fall Priscillian, so weit er auch zurückliegen mag, durch die Jahrhunderte deutlich in Erinnerung bleibt. Darüber ist sich Sulpicius deutlich im klaren, wie auch Martin.

Die Chronik fährt fort: „So wurden alle, die in diesem Fall unter Anklage standen, vor den Kaiser gebracht. Ihre

---

[6] Buch II, Kapitel 49–50, herausgegeben von Paul Monceaux, S. 185

Ankläger, die Bischöfe Hydacus und Ithacus folgten ihnen." Sulpicius schreibt über diese Ankläger: „Ihren Eifer, mit dem sie die Verurteilung der Häretiker betrieben, würde ich nicht tadeln, wenn sie nicht der Ehrgeiz, noch weit mehr zu gewinnen, in diesen Streit getrieben hätte. Wer im übrigen meine Meinung hören will, dem sage ich, daß mir persönlich Angeklagte und Ankläger gleichermaßen mißfielen. Was vor allem Ithacus angeht, so möchte ich sagen, daß er keinerlei Skrupel und vor nichts Respekt hatte. Das war ein unverschämter, geschwätziger, schamloser, verschwenderischer Mensch, bei dem sich alles nur um Bauch und Maul drehte. Er hatte sich derart verstiegen, daß er alle anständigen Leute verklagte, selbst heilige Menschen, die sich gern dem Lesen widmeten oder den festen Vorsatz hatten, wieder das Fasten einzuführen. Er zeigte sie alle als Komplizen oder Jünger des Priscillian an."

Was aber in den Augen von Sulpicius noch schlimmer ist: Dieser Ithacus, „dieser Schuft, wagte es damals sogar, den Bischof Martin anzugreifen, einen Menschen, den man geradezu mit den Aposteln vergleichen konnte. Er wagte es, dem Martin öffentlich vorzuwerfen, er sei ein Anhänger dieser verderblichen Häresie. Martin war damals in Trier und versuchte den Ithacus zu beeinflussen, seine Anklage zurückziehen. Den Maximus bat er inständig, nicht das Blut der unglücklichen Angeklagten zu vergießen. Es genüge, so sagte er, daß die Schuldigen zu Häretikern erklärt und durch einen bischöflichen Urteilsspruch aus ihren Kirchen vertrieben würden. Es wäre eine unerhörte, ungeheure Neuheit, wenn man in einer kirchlichen Angelegenheit einen weltlichen Richter entscheiden ließe." Das war genau die gegenteilige Ansicht von derjenigen, die 1229 zur Einrichtung der Inquisitionsgerichte führte. Martins Tun und seine Einsprache beim Kaiser richteten sich gegen diese schlimme Versuchung, die einen Teil der Frommen verführt hat, der jedoch viele der größten Heiligen zu entkommen verstanden: Im 13. Jahrhundert lehnte ein heiliger

Ferdinand III. von Spanien die Einführung der Inquisition in seinem Reich ab; sein Vetter, König Ludwig IX. von Frankreich, ließ die Inquisitionsgerichte gewähren, weigerte sich aber gegenüber den Bischöfen, die Urteilssprüche, die auf ihren Konzilien ausgesprochen wurden, durch weltliche Richter vollstrecken zu lassen.

In der Folge sollte diese Geschichte alles vergiften: Martin mußte Trier wieder verlassen, hatte aber bei Kaiser Maximus erreicht, daß gegen die Angeklagten kein Verdammungsurteil gesprochen wurde. Doch nach seiner Abreise wurde der Kaiser Maximus von zwei Bischöfen, deren Namen Sulpicius mit Magnus und Rufus angibt, umgestimmt, und er verwies die Angelegenheit an seinen Präfekten Evodius, den Sulpicius als einen „unerbittlich strengen Mann" bezeichnet. Priscillian wurde der Übeltat und unmoralischer Lehren überführt und gestand, bei „Versammlungen gefallener Frauen" den Vorsitz geführt zu haben. Auf Drängen des Evodius verurteilte der Kaiser schließlich Priscillian und seine Gesinnungsgenossen zum Tod.

Daraufhin eilte Martin nach Trier zurück, wo der Kaiser mit seiner Autorität hinter Bischof Ithacus stand. Sulpicius sagt: „Er geriet mitten in Sturmwind und Gewitter." Mehrere Bischöfe in Trier waren auf der Seite des Ithacus. Bei der Ankunft des Martin „verloren sie ihr unbeschwertes Vertrauen". Erst am Tag zuvor hatte der Kaiser beschlossen, Tribunen mit allen Vollmachten nach Spanien zu senden, um die Häretiker aufzusuchen und „ihnen ihre Güter und ihr Leben zu nehmen ... Die Bischöfe spürten sehr wohl, daß diese Maßnahmen Martin überhaupt nicht gefielen." Sie fürchteten vor allem, daß Martin ihnen die Kommuniongemeinschaft verweigern könnte. So ließen sie ihm Beamte entgegenschicken, „die den Auftrag hatten, ihm das Betreten der Stadt zu verbieten, falls er nicht erkläre, in Frieden mit den zu Trier versammelten Bischöfen zu sein". Martin gab den Bescheid, „er komme im Frieden mit Christus". Er betrat die Stadt bei Nacht, begab sich in die Kirche zum Gebet und suchte am Morgen den Palast auf. Der Kaiser war zwei Tage lang nicht für ihn zu sprechen. Sulpicius gibt zu verstehen, der Kaiser Maximus sei begehrlich auf die Güter der Verurteilten gewesen, um die chronisch leere Staatskasse zu füllen. Und er entschuldigt Maximus, der, wie er sagt, ständig am Rand des Bürgerkrieges lebte oder immer wieder in einen solchen verwickelt war, also in dieselbe Art Krieg, die ihn selbst auf den Kaiserthron gebracht hatte.

Die Bischöfe, die Ithacus unterstützten, nutzten diese beiden Tage dazu, um Maximus zu bestürmen, seine Aufgabe sei es nicht, die Häretiker zu verteidigen, sondern ihnen zu helfen, energisch gegen sie vorzugehen. Sulpicius Severus sagt: „Es hätte wenig gefehlt, und der Kaiser hätte sich durch sie gezwungen gesehen, Martin das gleiche Los wie den Häretikern zu bescheren." Doch trotz der in ihn dringenden Bischöfe wußte Maximus sehr wohl, was für ein Mensch Martin war und daß er „im Glauben, in der Heiligkeit und in der Vollmacht alle Sterblichen weit überragte". Er bestellte ihn schließlich in den Palast und wollte ausdrücklich allein unter vier Augen mit ihm reden. Dabei wies er Martin darauf hin, daß die Häretiker auf Grund einer regulären Verhandlung des öffentlichen Gerichts verurteilt worden seien, und daß nur ein einziger Bischof namens Theognitus sich von seinen Mitbrüdern distanziert habe und nicht weiter Mahlgemeinschaft mit ihnen halten wolle. Dabei handle es sich jedoch um einen persönlichen Zwist, nicht um eine Verurteilung ihres Einschreitens gegen die Priscillianisten. Martin ließ sich nicht überzeugen. Der Kaiser gab schließlich auf, verließ brüsk den Raum und gab Befehl, die Beauftragten, die die Anhänger des Priscillian ausrotten sollten, unverzüglich nach Spanien zu schicken.

Als Martin von diesem Befehl erfuhr, ging er wieder in den Palast. Die Nacht war schon hereingebrochen, aber

Martin gelang es, sich bemerkbar zu machen, und er versprach, mit den Bischöfen Tischgemeinschaft zu halten, falls man die nach Spanien entsandten Tribunen zurückbeordere. „Auf der Stelle gestand ihm Maximus alles zu", schreibt Sulpicius.

Am folgenden Tag sollte die Weihe eines Bischofs, eines gewissen Felix, stattfinden. Er hatte nichts mit den genannten Streitigkeiten zu tun und war des Bischofsamtes würdig. „An diesem Tag hielt Martin Kommunion mit den Bischöfen. Er hielt es für besser, eine Stunde lang nachzugeben, als die Unglücklichen dem über ihren Häuptern schwebenden Schwert auszuliefern. Aber die Bischöfe gaben sich umsonst Mühe, ihn zu einer schriftlichen Bestätigung ihrer Kommuniongemeinschaft zu überreden; diese Unterschrift konnte man ihm nicht abringen."

Schon am nächsten Morgen verläßt Martin Trier. Er ist traurig und macht sich Vorwürfe, daß er sich hat erpressen lassen. Es betrübt ihn, seine Zustimmung zur Kommuniongemeinschaft mit den Bischöfen gegeben zu haben, die den Priscillian hatten verurteilen lassen. Am Eingang eines Fleckens läßt er seine Gefährten vorausgehen, setzt sich nieder „und denkt darüber nach, weshalb er schwach geworden ist". Da kommt ein Engel und redet ihm zu: „Martin, du bedauerst zu Recht diesen Schritt. Aber eine andere Lösung hat es nicht gegeben. So habe Mut; kehre wieder zu deiner üblichen Festigkeit zurück, denn sonst würdest du nicht mehr nur deine Ehre, sondern sogar dein Heil in Gefahr bringen." Martin macht sich wieder auf den Weg und hat neuen Mut. Doch bis zum Ende seines Lebens sechzehn Jahre später weigert er sich, noch an irgendeiner Synode teilzunehmen. Konsequent bleibt er allen Bischofsversammlungen fern.

Aus dem Abstand der Geschichte kommt uns die Haltung Martins als die gesündeste vor: Er ist gegen die Einmischung der weltlichen Gewalt in geistliche Angelegenheiten, und vor allem ist er strikt dagegen, daß Häretiker zum Tode oder auch sonst zu einer zeitlichen Strafe verurteilt werden. Dagegen ist es in seinen Augen durchaus legitim, über den Häretiker das Anathema und die Exkommunikation zu verhängen, wenn sich dieser weigert, sich der Entscheidung der Kirche zu unterwerfen. Allerdings soll mit den geistlichen Verurteilungen nicht irgendeine zeitliche Strafe verbunden sein.

Der Fall Priscillian hat Martin schwer belastet, und das zu Recht. Denn sagen wir es noch einmal: Im Laufe der Jahrhunderte stellte die Zuhilfenahme der staatlichen Autorität eine ständige Versuchung dar, der die Kirche nicht immer zu widerstehen vermochte. Im übrigen: Als die Kirche den Fehler beging, die Inquisition einzuführen, hat es nicht lange gedauert, und diese Maßnahme kehrte sich gegen sie selbst. Sechzig Jahre danach erklärte sich König Philipp der Schöne zum Bevollmächtigten für den Kampf gegen Häretiker; später ist es ein aus Pariser Professoren bestehendes Inquisitionstribunal, das Jeanne d'Arc auf den Scheiterhaufen bringt. Ganz zu schweigen von den Opfern ebendieser Inquisition in Spanien und anderen Ländern vom Ende des 15. bis weit ins 16. und 17. Jahrhundert hinein. Unserer Ansicht nach ist es bezeichnend, daß in derselben Zeit die in den Jahrhunderten davor so beliebte Martinswallfahrt nach und nach zum Erliegen kam, sein Grab zerstört und seine Gebeine zerstreut wurden. Das mag ohne Absicht geschehen sein, aber es wird sich dabei um mehr als eine bloß zufällige Gleichzeitigkeit handeln.

IX
Die „Goldene Legende" Martins

Alles, was über Lebensumstände und Taten Martins berichtet wird, stellt eine Vorläuferform der „Goldenen Legende"[7] dar. Eine der amüsantesten Geschichten ist diejenige vom Fisch an Ostern. Der Ostertag war nämlich der Tag, an dem Martin und seine Gefährten das Fasten unterbrachen und Fisch aßen. Doch einmal hatten sie an einem Ostertag keinerlei Fisch im Kloster. Der Diakon und Klosterverwalter Cato war ein fähiger Fischer, aber er sagte, den ganzen Tag habe er nichts fangen können. Auch die anderen Fischer, die normalerweise ihre Fische verkauften, hätten nichts gefangen. Da sagte Martin zu ihm: „Geh noch einmal, wirf dein Netz aus, und du wirst etwas fangen." Das war in Marmoutier, wo die Behausungen der Mönche ganz in der Nähe des Flusses liegen. Sulpicius erzählt weiter: „Da Feiertag war, gingen wir alle miteinander hinaus, um beim Fischen zuzuschauen. Wir waren alle voller Hoffnung, in der Überzeugung, dieser Versuch werde Erfolg haben, weil der Mann auf Martins Anweisung und für die Mahlzeit Martins fischte."

Tatsächlich zog der Diakon gleich beim ersten Versuch, und das mit einem ziemlich kleinen Netz, einen riesigen

[7] Anm. d. Ü.: Die hier genannte *légende dorée* wird im Deutschen gewöhnlich mit ihrem lateinischen Originaltitel *Legenda aurea* zitiert. Es handelt sich um eine umfangreiche Sammlung unkritisch fabulierter Heiligenlegenden aus der Feder des Dominikaners Jacobus de Voragine († 1298 als Erzbischof von Genua) mit Kommentaren und moralischen Nutzanwendungen. Sie ist der absolute „Klassiker" der katholischen Heiligenlegenden.

Hecht aus dem Wasser, oder vielleicht war es sogar ein Lachs. Jedenfalls verdankten die Brüder diesem erfolgreichen Fischzug ein wahres Osterfestmahl.

Ein anderes Mal geschah es an demselben Fluß, daß eine Schlange das Wasser durchfurchte und genau auf das Ufer zusteuerte, wo sich die Mönche aufhielten. Martin rief der Schlange zu: „Ich befehle dir im Namen Gottes: Kehre um!" Sulpicius erzählt: „Auf der Stelle drehte das gefährliche Tier in die Gegenrichtung ab und schwamm vor unseren Augen ans andere Ufer. Als wir uns über dieses Schauspiel sehr wunderten, sagte Martin mit einem tiefen Seufzer: ‚Die Schlangen hören auf mich, aber die Menschen tun das nicht.'"

Von Martin werden mehrere Wundergeschichten mit Tieren erzählt, wie etwa die von der wild gewordenen Kuh. Heute wissen wir, daß es sich dabei um eine Krankheit handelt, die gelegentlich die Tiere befällt. Martin kam gerade aus Trier zurück, als er durch lautes Schreien gewarnt wurde, eine wild gewordene Kuh galoppiere daher. „Sie hatte ihre Herde verlassen und griff die Menschen an. Mit ihrem mörderischen Horn hatte sie bereits mehrere Menschen durchbohrt." Als sie auf die Gruppe von Mönchen zupreschte, die mit dem Bischof daherkam, hob Martin ihr die Hand entgegen und befahl ihr, stehen zu bleiben. „Kaum hatte er das gesagt, blieb sie reglos stehen. Da sah Martin auf dem Rücken des Tieres einen Dämon sitzen, und er sagte zu diesem: ‚Los, du Bösewicht, laß ab von dieser Kuh. Höre damit auf, ein unschuldiges Tier zu quälen!' Der böse Geist gehorchte und machte sich aus dem Staub. Die Färse spürte selbst, was geschah, und erfaßte, daß sie befreit war. Wieder friedlich geworden, warf sie sich zu Füßen des Heiligen nieder. Sodann schloß sie sich auf Befehl Martins wieder ihrer Herde an und gesellte sich friedlicher als ein Schaf zu den anderen Kühen."

Ein anderes Mal trafen Martin und seine Gefährten bei einer Pastoralreise zu seinen Pfarreien auf eine Truppe von

Jägern. „Ihre Hunde verfolgten einen Hasen. Vom langen Laufen erschöpft, auf eine weite, nach allen Seiten offene Ebene ohne jede Fluchtmöglichkeit geraten, war das arme Tier dem Tode geweiht; kurz davor, gefaßt zu werden, entkam es nur noch knapp dem fatalen Moment, indem es ständig Haken schlug. Der Selige hatte in seiner Güte Mitleid mit dem Tier in seiner Todesangst. Er befahl den Hunden, die Verfolgung abzubrechen und den Flüchtigen laufen zu lassen. Dieser Befehl war noch gar nicht ganz ausgesprochen, da hielten die Hunde schon an; man hätte meinen können, sie seien plötzlich an die Kette gelegt, oder genauer: am Boden festgenagelt. So entkam ein armer Hase dank des Heiligen, der diese Tiere fesselte, gesund und munter ihrer Hatz."

Zitieren wir, um noch etwas bei den Tieren zu bleiben, auch die Äußerung Martins, als er „ein frisch geschorenes Schaf sah: ‚Schaut, dieses Geschöpf hat die Weisung des Evangeliums erfüllt. Es hatte zwei Tuniken, und es hat eine dem gegeben, der gar keine hatte. Genau das müßt auch ihr tun.'"

Noch einfacher ist die Geschichte, die Gallus bei einem Gespräch mit Sulpicius und dem Freund Postumianus erzählt, und die zweifellos von seinem Freund handelt – denn er erklärt, er wolle nicht den Namen des Mannes sagen, dem dieses Wunder widerfuhr, weil er unter den Anwesenden sei. „Ein Hund belästigte uns mit seinem Gebelle. Da sagte der Betreffende: ‚Im Namen Martins befehle ich dir, ruhig zu sein.' Auf der Stelle war der Hund ruhig; sein Gebelle blieb ihm im Halse stecken, als habe man ihm das Maul verbunden." Und Gallus schließt mit der Bemerkung: „Martin selbst hat ziemlich wenig Wunder gewirkt. Ihr könnt es mir glauben, andere haben in seinem Namen fast mehr gewirkt!"

Derselbe Gallus fährt etwas später fort: „Erst unlängst habe ich gehört, wie das folgende bezeugt wurde. Der Zeuge war mit dem Schiff auf dem Tyrrhenischen Meer in

Richtung Rom unterwegs. Mit einem Mal brach ein Sturm los, dessen Toben das Leben aller Passagiere in höchste Gefahr brachte. Da schrie ein ägyptischer Händler, der nicht einmal Christ war, mit schallender Stimme: ‚Gott Martins, rette uns aus dieser Not!' Alsbald legte sich der Sturm, und der Zeuge konnte seinen Weg in die gewünschte Richtung fortsetzen, auf dem völlig stillen Meer in vollkommener Sicherheit."

Indes, von Martin gibt es noch Überraschenderes zu berichten als diese altbekannten Wunder. Seine Freunde bestätigen, daß Martin gelegentlich von höheren Wesen besucht wurde. Als Gallus von einem solchen Besuch erzählt, nimmt er Sulpicius zum Zeugen. Beide bezeugen das folgende: „Eines Tages wachten Sulpicius und ich vor der Tür Martins. Schon seit einigen Stunden saßen wir schweigend da, waren voll heiliger Scheu und Erregung; es war, als hätten wir den Auftrag, vor dem Zelt eines Engels Wache zu halten. Die Tür der Zelle war geschlossen, Martin wußte nicht, daß wir davor waren. Plötzlich hörten wir das gedämpfte Geräusch einer Unterhaltung. Bald wurden wir von einem Schauder des Schreckens und Staunens erfaßt: Wir konnten nicht übersehen, daß sich da etwas Göttliches abspielte.

Ungefähr zwei Stunden später kam Martin aus seiner Zelle und fand uns. Da bat ihn Sulpicius, der mit ihm im Vertrauen reden konnte wie sonst niemand, unsere fromme Neugier zu befriedigen und uns zu erklären, was dieser göttliche Schauder bedeute, den wir beide verspürt hätten. Er solle uns doch sagen, mit wem er sich in der Zelle unterhalten habe, da wir doch durch die Tür das gedämpfte und undeutliche Geräusch eines Gesprächs gehört hätten. Martin zögerte lange, bis er eine Antwort gab; es gab nichts, das ihm Sulpicius gegen seinen Willen entlocken konnte. Was ich jetzt erzähle, mag unglaublich scheinen, aber Christus sei mein Zeuge, daß ich nicht lüge, und niemand wäre so vermessen, zu unterstellen, daß Martin gelogen habe. Schließlich gab er zur Antwort: ‚Ich will es euch sagen, aber bitte sagt es niemandem weiter. Agnes, Thekla und Maria waren bei mir.' Daraufhin beschrieb er uns Aussehen und Kleidung jeder der drei. Er erklärte im übrigen, daß er sie nicht nur an diesem Tag getroffen habe, sondern häufig ihren Besuch empfange. Außerdem sagte er noch, daß er auch oft die Apostel Petrus und Paulus treffe."

Die *Dialoge* des Sulpicius Severus, die die Lebensbeschreibung Martins ergänzen, bieten zu Anfang das Wirken und die außergewöhnlichen Taten der Wüstenanachoreten, um im Anschluß daran aufzuzeigen, daß das Verdienst Martins nicht geringer ist als dasjenige der Menschen, die sich vor ihresgleichen zurückgezogen haben, um sich ganz Gott zu weihen. Außerdem möchte er uns mit seinem Bericht auf alle diese Berichte hinweisen, die vom Leben der orientalischen Eremiten erzählen und für die sich Martin in seiner Jugend so sehr interessiert hatte, daß er ihnen sogar nachfolgen wollte.

Sein Freund Postumianus erzählt ihm und ihrem gemeinsamen Freund, dem Gallier Gallus, wie er dem Eremiten von Cyrene begegnet ist. Postumianus war mit dem Schiff nach Narbonne gereist, hatte dann in Karthago einen Zwischenhalt eingelegt, wo er das Grab des heiligen Cyprian besuchte, und war dann mit dem Ziel Alexandrien weitergereist. Aber ein Sturm warf ihr Schiff an die Küste der äußersten Cyrenaica. Das ist ein Wüstengebiet, welches sich zwischen Ägypten und Afrika erstreckt, eine weite Sandfläche. Auf ihr entdeckten die Schiffbrüchigen eine Art Bretterhütte, zu der sie hingingen. Sie trafen dort einen alten Mann an, der eine Handmühle drehte. Nach dem Austausch von Grußworten erklärten sie dem Greis, sie seien wegen des Sturms an Land geraten und wollten nun erkunden, ob in diesen Wüstenstrichen Christen zu finden seien. Postumianus erzählt weiter: „Da kamen unserem Gastgeber Tränen der Freude; er warf sich vor uns nieder, umarmte uns mehrere Male und lud uns schließlich ein, mit ihm zu beten. Dann breitete er auf dem Boden Schaffelle aus und ließ uns darauf Platz nehmen. Er servierte uns eine geradezu aufwendige Mahlzeit: ein halbes Gerstenbrot. Wir waren zu viert, mit ihm zusammen also fünf Tischgenossen. Er legte auch ein Kräuterbündel auf den Tisch, mit einem Kraut, dessen Name mir entfallen ist; es gleicht der Minze, hat sehr dichte Blätter und einen Honiggeschmack. Diese Pflanze schmeckte und roch höchst angenehm. Es war geradezu ein Festmahl, an dem wir uns sättigen konnten."

Bei diesen Worten wendet sich Sulpicius an Gallus: „Nun höre! Glaubst du, was er da über ihre Freude an diesem Essen erzählt?" Gallus errötet und ruft aus: „Das ist typisch für dich, Sulpicius! Wie gewohnt läßt du keine Gelegenheit aus, über unsere Gaumenlust zu spotten. Aber du bist zu hart darin, uns Gallier zwingen zu wollen, wie die Engel zu leben. Ich würde eher vermuten, daß sogar die Engel etwas essen, und zwar aus reiner Lust am Essen! Was dieses halbe Gerstenbrot angeht, würde ich es im Normalfall wohl kaum anrühren ... Außerdem waren diese Gestrandeten ja infolge der Tücke des Meeres sowieso zu einer Fastenkur gezwungen gewesen. Doch wir anderen sind weit fort vom Meer, und, wie ich schon oft gesagt habe, wir sind eben Gallier!" Postumianus fährt mit seinem Bericht fort und verspricht, er werde sich in Zukunft hüten, Lobreden über die Fastendisziplin irgendeines Menschen zu halten, wenn ein solches Beispiel die Gallier kränke, weil sie es nie und nimmer nachahmen könnten!

Das mag über die Vorfahren der Franzosen genügen, für die das gute Essen schon immer etwas sehr Wichtiges war.

Die Schiffbrüchigen bleiben einige Tage bei dem Cyrenäer. Es stellt sich heraus, daß er Priester ist. Er führt sie zu seiner Kirche, die aus Zweigen geflochten ist, und dort treffen sie die übrigen Christen der Gegend. Beim Abschied bietet Postumianus ihm einige Goldstücke an, die der Priester unwillig ablehnt: „Mit Gold baut man keine

Kirche, sondern zerstört sie eher." Nur einige Kleidungsstücke nimmt er an. Dann verabschieden sich die Reisenden, um ihre Fahrt fortzusetzen, die sie nach Alexandrien führt.

Anschließend begibt sich Postumianus in die obere Thebais, das heißt ins tiefste Ägypten. Dort gibt es sehr viele Mönche, die einem strikten Gehorsam unter der Autorität eines Abtes unterworfen sind; manche führen mit Erlaubnis dieses Abtes ein Einsiedlerleben, und die Beispiele von Einsiedlern, die Wunder erleben und wirken, mehren sich. Einer hatte seinen Abt gebeten, ihm kein Brot mehr zu schicken. Als dieser Abt ihn besucht, sieht er, daß am Dach der Hütte, in der dieser Mönch lebt, ein Korb aus Palmblättern hängt, der voller noch heißer Brote ist, frisch wie eben erst aus dem Ofen genommen. Ein anderer lebt von Datteln, die ihm eine Palme beschert, und er teilt diese mit einem Löwen, der ihn von Zeit zu Zeit besucht; ein anderer hat regelmäßig eine Wölfin zu Gast und gibt ihr seine Brotreste zu fressen. Eines Tages ist er nicht da, und die Wölfin frißt in einem Anfall von Heißhunger all sein Brot auf. Daraufhin traut sie sich nicht mehr zu kommen; erst nach sieben Tagen besucht sie ihn wieder, ist ganz kleinlaut, hält die Augen gesenkt und sieht furchtbar beschämt aus. Der Eremit gibt ihr seine Brotration, und die Wölfin scheint wieder Mut zu fassen, indem sie begreift, daß er ihr ihren Ausrutscher verziehen hat. Ein anderer heiliger Mann hat sich an Pflanzen vergiftet. Da kommt eine Gazelle zu ihm, er wirft ihr das ganze Kräuterbüschel hin, das er tags zuvor gesammelt hatte. Die Gazelle vertilgt daraufhin die giftigen Pflanzen des Büschels und zeigt so dem Einsiedler, welche der Kräuter er unbesorgt essen kann.

Postumianus hat bemerkt, daß die Mönche, die in Gemeinschaft leben, durch ihren Geist des Gehorsams genauso viele Gnaden erhalten wie jene, die als Einsiedler leben.

Nachdem er alle diese Beispiele aufgezählt hat, zieht Sulpicius den Schluß: „Du hast uns von großartigen Dingen erzählt, aber mir sei die Äußerung gestattet, ohne im übrigen deine Heiligen beleidigen zu wollen, daß ich nichts habe erzählen hören, was in irgendeinem Punkt besagen würde, daß Martin ihnen nicht ebenbürtig wäre." Und er knüpft daran die weiteren Gedanken: „Die Einsiedler sind von jeder Fessel frei und haben niemanden zum Zeugen als den Himmel und die Engel, wenn sie diese Wundertaten vollbringen, von denen du uns erzählst. Martin dagegen hat mitten unter den Menschen gelebt, in der Welt, in der Menge, unter ihm feindlich gesinnten Klerikern, unter zügellosen Bischöfen, umgeben von fast täglichen Ärgernissen, die ihn hin und her gezerrt haben, und trotzdem stand er fest auf dem Fundament seiner unbezwinglichen Tugend, bot allem die Stirn und wirkte größere Wunder als diese berühmten Einsiedler, die in der Wüste gelebt haben oder noch leben." Und er führt diesen Gedanken weiter aus: „Unter allen diesen Berichten über die Wunder, die deine Heiligen vollbracht haben, finde ich keines, das von der Auferweckung eines Toten handelt; schon allein das zwingt zur Anerkenntnis, daß mit Martin keiner zu vergleichen ist."

Das ist ein posthumes Loblied auf den Bischof von Tours, das deutlich macht, worin seine Heiligkeit im Innersten besteht: aus seinem Glauben jenseits seiner Wunder. In der Zeit Martins wurde dieser Glaube durch augenfällige Wunder bezeugt; uns heute offenbart er sich eher aus seinem Leben als Ganzem. Zu seiner Zeit ist er wegen seines Lebensstils scharf kritisiert worden, vor allem von denjenigen, die wie er im Bischofsrang, aber mehr auf ihre eigene Wichtigkeit bedacht waren als auf das Wort der Frohen Botschaft, das sie verkünden sollten. Das Volk allerdings besaß ein sicheres Gespür. Ihm war nicht die äußere Erscheinung des Mannes wichtig, das es sich zum Bischof erkor, sondern es spürte und begriff, wer Martin war.

Postumianus hat diese Auffassung des Volkes über Martin ganz gut ins Wort gebracht: „Solange ich lebe und solange ich noch bei Verstand bin, rühme ich gern die Mönche Ägyptens, lobe die Anachoreten, bewundere die Eremiten; aber unser Martin ist etwas ganz Besonderes." Und das deshalb, weil er vor allem anderen ein Mann des Glaubens und des Gebets ist.

Eine solche Überlegung ist für uns Leser des 20. Jahrhunderts kostbar. Zunächst einmal versetzt sie uns in eine Umgebung, in der es sowohl Vorbehalte gegen Martin wie Anerkennung für ihn gibt. Es ist bezeichnend, daß mehrere seiner Mitbrüder im Bischofsamt eher geneigt waren, die Tugenden Martins zu leugnen, als ihre eigenen Unzulänglichkeiten anzuerkennen; und es ist im Gegensatz dazu hoch zu schätzen, daß uns die große Verehrung, die er im Volk genoß, überliefert ist – als der Ausdruck jener *vox populi*, ohne die in unserer Zeit genau wie in der seinen kein Heiliger als solcher erkannt werden kann.

Im übrigen stehen die beiden Heiligkeitsideale, die hier miteinander verglichen werden, in Martin selbst im Widerstreit. Er selbst hat davon geträumt, Eremit oder Anachoret zu werden, und er hat es nicht werden können. Er hätte sich deshalb bedauern und in den Gedanken hineinsteigern können, er habe seine Berufung verfehlt. Tatsächlich aber hat er unter dem Zwang, das zu werden und zu tun, was er gar nicht wollte, weit mehr zustande gebracht, als er jemals zu hoffen gewagt hätte. Er verwurzelt das Absolute im Alltäglichen. Er verzichtet darauf, friedlich mit Löwen, Wölfinnen und Wüstengazellen zusammenzuleben und begibt sich stattdessen zu Fuß oder auf dem Eselsrücken mitten unter die heidnischen Bevölkerungsgruppen, die über das Land verstreut leben und die vom Evangelium noch nicht erreicht wurden. Dadurch bekehrt er nicht nur eine einzelne Stadt, sondern ein ganzes Land. Martin verkörpert greifbar mitten unter den Landleuten, die noch dem Animismus und abergläubischen Zwängen und Praktiken hingegeben waren, die Gegenwart Gottes und das Gebet. Seinen Einfluß beim Kaiser nutzt er nur selten, und wenn, hat er nicht immer Erfolg. Sein Erfolg ist so bescheiden, wie er selbst bescheiden ist: Er vollbringt bescheidene Werke unter bescheidenen Menschen; doch ihm ist es zu verdanken, daß in ganz Frankreich die Glockentürme aus dem Boden wachsen, so daß schließlich jedes Dorf seinen eigenen besitzt. Mit anderen Worten: Er weitet das Feld der Verkündigung des Evangeliums ungemein breit aus, und das dank der Bescheidenheit, die er in seiner Predigt zum Ausdruck bringt. Aus den Galliern, die das gute Essen und Trinken schätzen und das bis heute tun, macht er gute Christen.

Ein Jahrhundert nach ihm wird der heilige Patrick auf die gleiche Weise die Kelten Irlands bekehren, einen Volksstamm, der weder von der Invasion noch von der Religion der Römer berührt wurde und dem alle Verfolgungen erspart blieben. Genau wie die Gallier werden auch die Kelten Irlands gern die Predigt eines Gottes, der die Liebe ist, annehmen, und ein so einfaches Symbol wie das Kleeblatt, das ein Blatt in drei Teilen ist, wird für sie zum Symbol des dreifaltigen Gottes, des Vaters und des Sohnes und des Heiligen Geistes. Auch sie finden das Absolute im Alltäglichen. Die Methode Martins mit ihrer Einfachheit spricht sie unmittelbar an. Sie brauchen nur eines zu tun: zulassen, daß sie alles von Gott erhalten. Darin besteht der Glaube, der nicht komplizierter Gedankengänge bedarf. Worauf es ankommt ist, daß man das Geheimnis deutlich vor Augen hat und sich sagen läßt, daß dieses Geheimnis Licht ist und nicht unheimliche Finsternis. Unter Bedingungen wie diesen ist nur eine sehr einfache, allen verständliche Predigt am Platz. Der Glaube ist keine Ideologie; er läßt sich auch begreifen, wenn man nicht in lauter -ismen spricht; man braucht für ihn ein Vertrauen, das bereit ist, etwas anzunehmen, lange bevor man dazu auf kritische Distanz geht und diskutiert, was einem daran gefällt und was nicht. Der Glaube Martins ist in erster Linie Kontemplation, das heißt: Er ist ein Schauen auf Gott; das Erklären kommt später. Eine Grundbedingung allerdings gibt es: Man muß seine Götzen entthronen: die handgreiflichen Götzen, wie etwa die Statuen von Jupiter oder Venus, und erst recht die versteckteren Götzen, wie etwa die Anbetung des Safts der Kiefer, der sie beseelt und wachsen läßt oder der Quelle, die unter einem großen Stein sprudelt. Ganz zu schweigen von den Götzen, von denen es in der heutigen Welt wimmelt, wo aus lauter Dingen, die eigentlich Hilfsmittel sein sollten, Selbstzwecke und Ziele in sich werden. So ist etwa das Geld zum biblischen Goldenen Kalb geworden, oder die so praktische Maschine zum Suchtmittel, das man „bedient", um den eigenen Leidenschaften oder Verrücktheiten zu frönen, bis sie schließlich zur Tötungsmaschine wird. Der Glaube Martins in seiner Einfachheit wird zur Quelle des Lebens, das sogar den Tod besiegen kann.

X
Der Tod des heiligen Martin

Sulpicius Severus erzählt, wie er eines Tages allein in seiner Zelle eingeschlafen war. „Plötzlich", so schreibt er, „kam es mir vor, als sähe ich den heiligen Bischof Martin. Er war in eine strahlend weiße Toga gekleidet, sein Antlitz flammte, seine Augen strahlten wie Sterne, sein Haar leuchtete. Zwar hatte er bei dieser Erscheinung die mir vertrauten Zügen und Gesten, aber ich spürte – das ist fast nicht in Worte zu fassen –, er war es, und doch konnte ich ihn gar nicht richtig anschauen. Er lächelte mir leise zu und streckte mir mit seiner Rechten das kleine Buch entgegen, das ich über sein Leben geschrieben habe. Ich aber umfing seine heiligen Knie und bat wie gewohnt um seinen Segen. Da spürte ich auf meinem Kopf den zärtlichen Druck seiner Hand, indes er mitten zwischen den feierlichen Segensworten das heilige Kreuz erwähnte, von dem seine Lippen so oft gesprochen hatten. Hierauf hielt ich meinen Blick fest auf ihn gerichtet, ohne ihm geradewegs ins Gesicht schauen zu können, bis er jäh den unermeßlichen Luftraum über der Erde bis ans äußerste Ende durchquerte – wir konnten ihm mit den Blicken folgen, bis ihn rasch eine Wolke verdeckte – und ihn der offene Himmel aufnahm, so daß wir ihn nicht mehr zu sehen vermochten. Wenig später sah ich den heiligen Priester Clarus, seinen unlängst verstorbenen Schüler, der denselben Weg wie sein Meister gegangen war.

Und ich, ich hatte die Unverschämtheit, ihnen folgen zu wollen; aber als ich mich gerade mit aller Kraft mühte, die Höhen des Himmels zu erklimmen, wachte ich auf.

Jäh aus dem Schlaf gerissen, begann ich mich wegen der Schau, die ich gehabt hatte, glücklich zu preisen. Da trat ein junger, mir bekannter Sklave ein, der ungewöhnlich traurig dreinschaute und anscheinend etwas sagen wollte, es aber vor Schmerz nicht herausbrachte. ‚Hallo!', sagte ich zu ihm, ‚Warum bist du so traurig? Was mußt du mir so dringend mitteilen?' Da gab er mir zur Antwort: ‚Aus Tours sind zwei Mönche angekommen und haben die Nachricht mitgebracht, Herr Martin sei gestorben.'"

Martin war ungefähr achtzig Jahre alt, als er spürte, daß seine Kräfte nachließen. Doch da trat man mit einer Bitte an ihn heran: Er sollte in das Städtchen Candes kommen, wo die Kleriker in einem heftigen Disput zerstritten waren. Candes liegt nicht weit von Fontevraud, ganz in der Nähe der Stelle, wo die Vienne in die Loire fließt, ungefähr fünfzig Kilometer von Tours entfernt. Dieser Bitte konnte er sich nicht versagen; er machte sich also auf den Weg nach Candes, vermutlich auf dem Flußweg, und schon bald hatte er den Frieden zwischen den zerstrittenen Klerikern wiederhergestellt. Es folgt eine letzte Anekdote mit dem Fluß als Kulisse: „Auf dem Fluß beobachtete er Tauchvögel, die Fische fingen und pausenlos ihre Beute in ihren gierigen Kropf schlangen. ‚Schaut', sagte da Martin, ‚so sind auch die Dämonen: sie legen ihre Schlingen für die Unvorsichtigen, nehmen sie wider ihren Willen gefangen, verschlingen ihre Opfer und sind unersättliche Fresser.' Dann befahl er mit seinem Machtwort den Vögeln, die Fluten zu verlassen, in die sie ständig tauchten, und sich in eine trockene Wüstengegend zu begeben. Er machte also auf diese Weise gegen die Vögel von seiner souveränen Autorität Gebrauch, mit der er gewöhnlich die Dämonen in die Flucht jagte. Tatsächlich flatterten daraufhin alle diese Vögel zusammen, bildeten einen Schwarm und flogen in die Hügel und Wälder fort, zum großen Staunen aller Anwesenden, die erkannten, daß zur Kraft, über die Martin verfügte, selbst die Befehlsgewalt über die Vögel gehörte."

Schon wiederholt haben wir Anekdoten dieser Art nacherzählt. In der Geschichte Martins finden sich seitenweise solche Geschichten im Stil der „Goldenen Legende", die ihn den in der Wüste lebenden Anachoreten ganz ähnlich zeigen. Für diese schien es ja ganz normal zu sein, daß eine Löwin mit der Bitte daherkam, ihre Jungen zu segnen, oder eine Wölfin reumütig um Entschuldigung dafür bat, die Brotration eines Einsiedlers in seiner Abwesenheit aufgefressen zu haben. Das entspricht genau der Erzählung von Martin, der den Hunden befiehlt, den Hasen in Ruhe zu lassen und ähnlichen derartigen Geschichten. Hier also verjagt er die Tauchvögel, deren Gefräßigkeit ihm unverschämt vorkommt, und damit werden sie zu Symbolen der Dämonen.

Nachdem Martin einige Zeit in Candes geblieben und der Friede dort wiederhergestellt war, spürte er, wie ihn seine Lebenskraft verließ. „Er rief seine Brüder zusammen und gab ihnen bekannt, daß er sterben werde. Alle Anwesenden wurden von großer Trauer und tiefem Schmerz übermannt. Bestürzt vom allgemein ausbrechenden Klagen, betete der auf der Asche auf den Boden gebettete Martin: ‚Der Dienst für dich in diesem Leib ist ein beschwerlicher Kampf, o Herr. Und siehe, ich habe nun schon genug Schlachten geliefert. Wenn du mir jedoch auferlegst, weiterhin vor deinem Lager auf dem Posten zu bleiben, will ich mich dem nicht entziehen, und ich will auch nicht auf die Gebrechen meines Alters verweisen. Ich will getreu alles tun, was du mir befiehlst. Solange du selbst mir den Befehl gibst, werde ich allen deinen Anordnungen folgen. Als alter Mann würde ich mich zwar lieber nach getaner Pflicht zur Ruhe setzen, aber meine Tatkraft ist stärker als die Zahl meiner Jahre und kapituliert nicht vor dem Alter. Entläßt du mich dagegen angesichts meines hohen Alters, so nehme ich das gern als deinen Willen an. Was die Menschen angeht, um die ich mich sorge, wirst du dich selbst um sie kümmern.'"

Martin hat nie selbst sein Schicksal gewählt; im Sterben wie im Leben hat er alle Entscheidungen Gott überlassen. Seine Jünger bedrängten ihn, er solle einige Erleichterungen annehmen: Sie wollten ihm eine Decke überlegen oder ihm wenigstens helfen, sich auf die Seite zu drehen. Doch Martin bat sie: „Laßt mich lieber den Himmel als die Erde anschauen." Daraufhin suchte ihn noch einmal der Teufel heim. Martin sprach ihn an: „‚Was bist du hier, du blutrünstiges Raubtier? Von mir sollst du nichts haben, Verfluchter; mich nimmt der Schoß Abrahams auf.'

Während er diese Worte sprach, vertraute er seinen Geist dem Himmel an."

Sulpicius Severus fügt hinzu, daß alle, die in diesem Augenblick sein Gesicht sahen, wahrgenommen hätten, daß es wie das Gesicht eines Engels aussah, und seine Glieder schienen weiß wie Schnee zu werden, so daß jemand sagte: „Wer könnte glauben, daß er mit einem härenen Gewand und Asche bedeckt war. (...) Er schien sich gewissermaßen in der Herrlichkeit der künftigen Auferstehung und in der Natur eines verklärten Fleisches zu zeigen."

Im folgenden bietet Sulpicius eine sehr schöne Beschreibung der Begräbnisfeier Martins, die er mit einem „Triumphzug" vergleicht, also jenem Siegeszug römischer Generäle, denen die Volksmassen zujubeln. Doch zitieren wir zunächst, was Gregor von Tours ausführlich über die Erhebung des Leichnams Martins berichtet.

Er sagt, Martin sei mitten in der Nacht zum Sonntag, den 8. November 397 gestorben; viele Leute hätten bei seinem Sterben ein Himmelskonzert vernommen.

Sobald der Heilige Gottes krank darniedergelegen habe, seien die Menschen aus Poitiers und Tours herbeigeeilt, um bei seinem Hinübergang dabei zu sein. Als er gestorben war, sei zwischen den Bewohnern der beiden Städte ein heftiger Streit ausgebrochen. Die von Poitiers sagten: „Das ist unser Mönch, er war unser Abt. Wir verlangen, daß man ihn uns zurückgibt. Euch soll es genügen, daß ihr während seiner Bischofszeit immer wieder sein Wort hören, mit ihm Tischgemeinschaft halten, seinen Segen empfangen und in den Genuß seiner Wunder kommen durftet. Das alles sollte euch genügen. Wir aber sollten wenigstens jetzt seinen Leichnam mitnehmen dürfen."

So waren also nach Bekanntwerden der Erkrankung Martins die Leute von Poitiers nach Candes geeilt, wo er sich damals aufhielt, und jetzt erhoben sie Anspruch darauf, ihn in ihrer Stadt zu begraben. Aber sie stießen auf erbitterten Widerstand: „Die von Tours entgegneten: ‚Wenn ihr sagt, daß uns seine Wunder genügen sollen, so wißt, daß er während seines Aufenthalts bei euch mehr davon gewirkt hat, denn, ganz zu schweigen von vielen anderen, hat er bei euch immerhin zwei Tote auferweckt, und bei uns nur einen; und er hat selbst gesagt, daß er vor seiner Bischofszeit eine stärkere Wunderkraft besessen habe als später. Deshalb ist es nur gerecht, daß er das, was er für uns zu Lebzeiten nicht getan hat, jetzt als Toter unter uns noch wirken kann. Gott hat ihn euch genommen und uns gegeben. Im übrigen gilt der alte Brauch, daß sein Grab gemäß göttlicher Anordnung in der Stadt sein soll, in der er seine Weihe empfangen hat. Wollt ihr ihn aber unter Berufung darauf beanspruchen, daß er als Mönch seinem Ursprungskloster angehört, dann wißt, daß er zuerst in Mailand Mönch gewesen ist.'"

Das ist ein für diese Zeit typischer Streit, denn damals beginnt man den Reliquien eine wichtige Bedeutung zuzusprechen, was in der Folgezeit sogar noch zunehmen wird. Da Martin in Candes gestorben ist, erheben auf seinen Leichnam sowohl seine Diözesanen von Tours als auch die Menschen des Ortes, wo er bis zu seiner Bischofsernennung gelebt hat, Anspruch.

Doch hören wir, wie die Geschichte weitergeht:

„Ihr Streit ging bis in die tiefe Nacht hinein. Der Leichnam des Heiligen war mitten im Haus aufgebahrt, Vertreter beider Seiten wachten sorgsam darüber. Die Türen waren fest verriegelt. Am darauffolgenden Morgen wollten ihn die von Poitiers mit Gewalt fortholen, aber Gott der Allmächtige ließ nicht zu, daß die Stadt Tours ihres Patrons beraubt wurde. Mitten in der Nacht kam über alle Leute aus Poitiers ein tiefer Schlaf, so daß kein einziger von ihnen mehr wach blieb. Als die von Tours sahen, daß sie alle schliefen, nahmen sie den Leichnam des Heiligen; einige ließen ihn durch das Fenster hinab, andere nahmen ihn draußen an. Sie schafften ihn auf ein Schiff, und begleitet vom ganzen Volk ruderten sie die Vienne hinunter, kamen in die Loire und lenkten ihre Schiffe in Richtung auf die Stadt Tours, wobei sie Loblieder und Psalmen sangen. Die von Poitiers wachten schließlich auf, geweckt von diesen Gesängen. Sie entdeckten, daß der Schatz, den sie gehütet hatten, fort war und kehrten ganz verwirrt und enttäuscht heim in ihre Stadt."

Historisch sicher ist daran, daß Martin am 8. November starb und seine feierliche Beisetzung am 11. November in Tours gehalten wurde.

„Es ist unglaublich, welche ungeheure Menschenmassen sich versammelten, um ihm die letzte Ehre zu erweisen. Die ganze Stadt eilte ihm entgegen, um den Leichnam in Empfang zu nehmen. Alle Bewohner des Landes und der Ortschaften schlossen sich ausnahmslos an, sowie auch viele Menschen aus benachbarten Städten ... Man sagt, an diesem Tag hätten sich mehr als zweitausend Menschen dort eingefunden." Unter diesen zweitausend erwähnt Sulpicius Severus besonders den „Chor der Jungfrauen": „Zwar versagten sie sich aus Scham das Weinen, aber unter welcher vorgeblicher Freude verbargen sie ihren tiefen Schmerz! Der Glaube untersagte ihnen nämlich das Weinen, aber die Zuneigung ließ sie nicht weniger stark seufzen ... Man könnte ihre Tränen verzeihen, man könnte sich über ihre Freude freuen. Jeder litt sozusagen um den eigenen Verlust und freute sich gleichzeitig für Martin.

Diese Gruppe begleitete also mit dem Klang ihrer

himmlischen Hymnen den Leichnam des Seligen bis an den Ort seiner Grabstätte."

Soweit zur Beschreibung des gewaltigen Trauerzugs bei der Beisetzung Martins. Neben der Schar seiner Gefährten, darunter diejenigen von Marmoutier, traten also auch die Jungfrauen als Gruppe auf. Zu einer Zeit, wo die Frauenklöster erst am Anfang dessen standen, was sie in der Folgezeit werden sollten – gerade in dieser Zeit wird in Palästina unter Aufsicht des heiligen Hieronymus das erste regelrechte Frauenkloster eingerichtet –, sind immerhin schon die christlichen Jungfrauen versammelt und geben Zeugnis für ihre Hoffnung für Martin, was ihre Trauer besänftigt. Sie lassen „den Klang ihrer himmlischen Hymnen" ertönen: Von dieser Zeit an begleitete man den Verstorbenen mit Psalmengesang. So wird also dieser Trauerzug, auf dem viel geklagt und geweint wird, von den Glaubenskundgebungen der Christen bereichert.

Zum Schluß sei noch erwähnt, was Sulpicius Severus ganz selbstverständlich in die Feder fließt: Der Vergleich, wie wir schon gesehen haben, zwischen diesem Trauerzug und den Triumphzügen, die in der Antike als großartige Zeremonie zur Huldigung an die siegreichen Heerführer veranstaltet wurden. Bei Martin ist diese Reminiszenz ganz gut angebracht, hatte er ja zunächst lange als Soldat gelebt; hätte er diese Karriere weiterverfolgt, so hätte er ja sogar vielleicht einmal einen derartigen „Triumphzug" miterleben können.

Man könnte gegen Ende des 4. Jahrhunderts fast keinen besseren Vergleich für den Wandel der Zivilisation finden, der sich damals vollzieht. Beim Verfasser ist ein waches Bewußtsein für die Eigenart seiner Zeit zu spüren. Ein solches Bewußtsein stellt sich gewöhnlich erst nach dem Verlauf etlicher Jahre ein, wenn man aus einigem Abstand auf die Ereignisse zurückblickt. So ist seine diesbezügliche Erwägung ganz beispielhaft: „Wer will, mag diesen Triumphzug Martins mit diesem weltlichen Siegeszug vergleichen: Wie groß ist der Unterschied zur Trauerfeier Martins! Beim Siegeszug läßt man die Wagen von Gefangenen ziehen, deren Hände hinter dem Rücken zusammengekettet sind; der Leichnam Martins dagegen wird eskortiert von Freien, die unter seinem Kommando die Welt besiegt haben. Beim Siegeszug jubelt eine Masse im Siegestaumel wild schreiend dem Sieger zu, dagegen werden für Martin göttliche Psalmen gesungen. Martin wird mit himmlischen Hymnen geehrt."

Das ist also ein starkes Bild für die Veränderung, die die neue Zivilisation bewirkt hat; sie hat die antike Härte verdrängt und eröffnet allen Menschen die Aussichten, die der Glaube bietet: „Martin, arm und bescheiden, geht reich in dem Himmel ein." Martin hatte aus der Hoffnung gelebt und ist selbst der Inbegriff der Hoffnung aller, die wie er den Weg des Evangeliums gewählt haben; weit über das hinaus, was sie nur im entferntesten ahnen können, sind sie im Begriff, ihre Zivilisation von Grund auf zu verändern. Die Vorstellung, mit Waffengewalt und Härte ließe sich die Welt beherrschen, wird verdrängt durch das Ideal des ständigen Sieges über sich selbst und der daraus entspringenden Freude. Daraus ergibt sich dann unerwartet die Wirkung, daß sogar eine Leichenfeier zum allgemeinen Freudenfest wird und somit der Sieg des Lebens über den Tod gefeiert werden kann. Zweifellos zeigt nichts besser als dieser Leichenzug Martins gegen Ende dieses 4. Jahrhunderts, welch gewaltigen Schritt eine ganze Zivilisation vollzogen hat.

XI
Der Kult

Das Fest des heiligen Martin sollte bis zum Ende des Mittelalters ein offizieller und folglich arbeitsfreier Feiertag bleiben. Außerdem gab es auch am 4. Juli ein Martinsfest, das Fest „Saint-Martin-le-Bouillant" (wörtlich: „Sankt-Martin-der-Aufwallende"), das an die Übertragung des Leichnams Martins erinnerte. Später sollten noch weitere Martinsfeste eingeführt werden: Am 12. Mai das Fest seines Beistands, nämlich als Patron bei der Niederlage der Normannen im Jahr 903. An diesem Tag wurden maskierte Umzüge veranstaltet, und es fand eine Wallfahrt der Mönche von Marmoutier ans Martinsgrab nach Tours statt. Ferner am 13. Dezember das Fest der Heimkehr des heiligen Martin, an dem der Rückkehr der Reliquien des Heiligen nach den normannischen Einfällen gedacht wurde; es war im Jahr 912 durch das Konzil von Tours eingeführt worden. Man sieht, für den Platz des heiligen Martin im liturgischen Kalender war immer bestens gesorgt. Hinzufügen muß man noch ein Fest der Überführung des Haupts des heiligen Martin am 1. Dezember, das 1323 Papst Johannes XXII. einführte. Erwähnen wir noch, daß das liturgische Jahr lange am 11. Dezember begonnen hat; dieser Tag galt immer als erster Tag des Advents, also der Zeit der Vorbereitung und Buße vor dem Weihnachtsfest.

* * *

Die Stätte, an der man in Tours den Umhang Sankt Martins, seine *capella*, aufbewahrte, wurde ein derartiger Anziehungspunkt für das Volk, daß aus der ursprünglichen

Bezeichnung des Gebäudes mit dieser *capella* ein Begriff wurde, der in unsere Umgangssprache eingegangen ist: die „Kapelle".

Schon dieser eine Zug zeigt, in welch außergewöhnlichem Maß alles, was mit Martin zu tun hatte, die Nachwelt beeinflußt hat. In Frankreich kann man jedes beliebige Telefonbuch aufschlagen, immer sind darin doppelt so viele Martins wie Duponts oder Durands zu finden, noch ganz abgesehen von den Martineaus, Martinez, Dammartins usw. In Frankreich ist das der häufigste Familienname, und das gleiche gilt für die Ortsnamen. Es heißt, unser Wörterbuch der Gemeinden wirke auf manchen Seiten wie eine Heiligenlitanei. Mehr als vier Prozent aller Ortsnamen in ganz Frankreich tragen den Namen Sankt Martins: Saint-Martin-Belleroche in der Saône-Gegend, Saint-Martin-de-Londres im Hérault, Saint-Martin-de-Boscherville in der Normandie, Saint-Martin-de-Crau in der Provence, Saint-Martin-du-Var im Midi, Saint-Martin-du-Bois im Anjou, Saint-Martin-des-Champs in der Bretagne und Saint-Martin-les-Langres oder Saint-Martin-l'Heureux im Est ... Allüberall ist er als Patron der Weiden, der Wälder oder der Flüsse vertreten. Und erst die vielen Kirchen, die ihm geweiht sind! Im vorigen Jahrhundert zählte der Historiker Lecoy de la Marche allein in Frankreich 3678 Martinskirchen; auf den Britischen Inseln sind es 163, davon allein 6 im Stadtgebiet von London; in Holland gibt es 75, in Flandern 239, mehr als 100 in Ungarn, 120 in Jugoslawien, mehr noch in Spanien, Italien und Deutschland[8].

„Überall, wo man Christus kennt, wird auch Martin geehrt", jubelte schon im 6. Jahrhundert Venantius Fortunatus. Zu seiner Zeit war die Martinswallfahrt nach Tours die bedeutendste Wallfahrt Frankreichs. Fortunatus hatte

[8] Wir stützen uns hier auf den ausgezeichneten Beitrag mit dem Titel „Rayonnement du culte de saint Martin en France et dans le monde" in der Zeitschrift *Sanctuaires et pèlerinages* aus der Feder von Chanoine J. Sadoux, Rektor von Saint-Martin zu Tours (1959).

selbst die am 4. Juli 470 zur Erinnerung an Martin geweihte Basilika, die auch sein Grab barg, besucht. Einer der Nachfolger Martins auf dem Bischofsstuhl, Gregor von Tours, hatte übrigens im selben Jahrhundert stark dazu beigetragen, daß das Grab Sankt Martins zu Tours „die größte Wallfahrtsstätte Galliens" wurde[9].

Von dieser Zeit an bestand in Tours am Martinsgrab der Brauch der *laus perennis*, des pausenlosen Lobpreises: Kleriker sangen im Schichtdienst Tag und Nacht Psalmen, und dieser Brauch wurde von anderen Klöstern übernommen und zum Teil lange gepflegt. Zur Zeit Abälards im 12. Jahrhundert ist das zum Beispiel vom Kloster Saint-Marcel zu Chalon überliefert, wo die Mönche sich in Gruppen Tag und Nacht abwechselten, damit das Gotteslob nie unterbrochen wurde.

Übrigens wurde diese Praxis des pausenlosen Lobpreises vom heiligen Brictius eingeführt, der 397 Martins Nachfolger im Bischofsamt wurde. Kein anderer als er, von dem wir bereits gehört haben, welche Scherereien er Martin gemacht hatte, richtete ein Klerikerkolleg ein, um damit das Tag und Nacht ununterbrochene Gotteslob am Grab Martins zu gewährleisten. Brictius blieb auch als Bischof ein krisengeschüttelter Mann. Unter schweren Anschuldigungen (man klagte ihn an, er habe von einer Nonne ein Kind) mußte er zu seiner Verteidigung nach Rom gehen, wo er sieben Jahre blieb. Nach seiner Rückkehr nahm er wieder seinen Bischofssitz ein. Er war als unschuldig erwiesen, und seine letzten Lebensjahre erschienen in makelloser Heiligkeit. Sein Fest wurde am 13. November gefeiert, zwei Tage nach demjenigen Martins, dessen Haltung ihn offensichtlich das Geduldhaben gelehrt hatte. Nach Brictius führte der heilige Perpetuus das immerwährende Gotteslob fort, das jahrhundertelang beibehalten werden sollte und ei-

---

[9] Brigitte Beaujard auf dem Internationalen Kongreß über Gregor von Tours 1994 in Tours.

nen spürbaren Einfluß auf die Ausgestaltung der Liturgie des Stundengebets hatte. Das Konzil von Vannes schrieb 465 vor, man solle das Stundengebet in der Weise verrichten, wie sie in Tours beim Martinsgrab üblich sei.

* * *

In Tours wird aus der Frömmigkeitsgeschichte unversehens ganz allgemein Landesgeschichte. Denn Tours mit dem Grab des heiligen Martin wird zum unersetzlichen Knotenpunkt; so darf man zum Beispiel nicht vergessen, daß zweimal Chlodwig dorthin gekommen ist. Gregor von Tours erzählt uns dessen Reisen dorthin auf seine übliche lockere, mit Wundergeschichten umrankte Weise. Tours, wo sich das Grab des heiligen Bischofs befindet, dessen Nachfolger er ist, liegt an der Grenze zwischen dem von den Franken eroberten Land und dem Land der Goten. Letztere sind, wie wir gesehen haben, Christen, aber Häretiker, nämlich Arianer in der Tradition des Wulfila. Gregor berichtet zunächst von einer Begegnung, die zu Amboise zwischen Chlodwig und dem Gotenkönig Alarich stattgefunden haben soll. Sie hatten einander Freundschaft geschworen und waren in Frieden auseinander gegangen. Aber, wenn man Gregor glauben will, „viele Menschen in ganz Gallien wünschten damals sehnlichst, der Herrschaft der Franken zu unterstehen" ...

Dann fährt der Bericht fort: „Der König Chlodwig sprach zu seinen Soldaten: ‚Mich erfüllt es mit großem Kummer, daß diese Arianer einen Teil Galliens besitzen. Laßt uns mit der Hilfe Gottes losmarschieren und sie schlagen, damit wir das gesamte Land unter unsere Herrschaft bringen.' Da diese Rede allen Kriegern sehr gut gefallen hatte, setzte sich das Heer in Marsch und zog gen Poitiers." Das Heer der Goten stand damals in der Nähe von Poitiers; Gregor berichtet in einigen Anekdoten davon. So zog das Heer durch das Gebiet von Tours, und Chlodwig „gab aus Ehrfurcht vor dem heiligen Martin den

Befehl, daß niemand auf diesem Gebiet etwas anderes an sich nehmen dürfe als Kräuter und Wasser". Da nahm einer der Soldaten einem Bauern auf dem Feld mehrere Büschel Heu weg, „einem armen Mann", und sagte: „Das sind Kräuter. Wir übertreten nicht den Befehl, wenn wir sie nehmen." Die Tat kam dem Chlodwig zu Ohren, der den Soldaten unverzüglich mit seinem Schwert schlug und ihn anschrie: „Wie sollten wir auf Sieg hoffen können, wenn wir den heiligen Martin beleidigen?" „Das genügte", heißt es im Bericht weiter, „daß niemand aus dem Heer noch irgend etwas aus dieser Gegend an sich nahm."

Chlodwig schickte derweil einige Gesandte mit Geschenken ans Grab des Heiligen nach Tours und sprach ein Gebet: „Herr, wenn du meine Hilfe bist und beschlossen hast, dieses ungläubige Volk, das immer ein Feind deines Namens war, mir auszuliefern, so laß meine Gesandten deine Gunst erfahren, wenn sie die Basilika des heiligen Martin betreten, damit ich weiß, ob du deinem Diener günstig gesonnen bist." Als nun die Gesandten des Königs die Basilika betraten, hörten sie, wie der Kantor gerade die Antiphon des Psalms anstimmte: „Herr, du hast mich zum Kampf mit Kraft umgürtet, hast alle in die Knie gezwungen, die sich gegen mich erhoben. Meine Feinde hast du zur Flucht gezwungen; ich konnte die vernichten, die mich hassen" (Psalm 18, 40–41). Natürlich waren sie über eine solche Vorhersage überglücklich, lieferten ihre Geschenke ab und eilten schleunigst zum König zurück, um ihm mitzuteilen, was sie vernommen hatten.

Das Heer gelangte ans Ufer der Vienne und erfuhr tatsächlich alsbald die Gunst Gottes: Der Fluß war infolge eines Hochwassers angeschwollen, aber eine Hirschkuh überquerte ihn und zeigte ihnen so die Furt, durch die die Soldaten ziehen konnten. Chlodwig selbst gelangte aufs Gebiet von Poitiers, und es schien ihm, als sehe er in der Ferne ein Licht, das aus der Basilika des heiligen Hilarius leuchtete, wie ein Leuchtzeichen, das „der heilige Bekenner ihm schickte". Er erneuerte sein Verbot an das Heer, beim Durchzug durch dieses Gebiet irgend etwas zu plündern. Dann erfolgte der Überraschungsangriff gegen die Goten bei Vouillé. „Die Goten ergriffen gemäß ihrer Gewohnheit die Flucht", erzählt Gregor und fügt hinzu, der König Chlodwig habe also dank der Gnade Gottes den Sieg errungen. Mit Hilfe seines Sohnes Theoderich unterwarf Chlodwig das ganze Land. Er verbrachte den Winter in Bordeaux, erbeutete nebenbei in Toulouse die Schätze, die Alarich angehäuft hatte, und marschierte gegen Angoulême, das sich unverzüglich unterwarf. Es dauerte nicht lange, so kehrte er nach Tours zurück „und brachte der heiligen Basilika des seligen Martin eine große Menge Geschenke dar". Dort geschah es auch, daß er mit den kaiserlichen Insignien ausgestattet wurde: „Chlodwig hatte vom Kaiser Anastasius die Ernennung zum Konsul erhalten und wurde in der Basilika des heiligen Martin mit der Purpurtunika und der Chlamys (dem Kriegsmantel) bekleidet, und er setzte sich die Krone aufs Haupt." Seine Macht erhielt so eine Art kaiserlicher Approbation – eine merkwürdige Erinnerung an die Zeit, wo das Römische Reich noch wirklich existiert hatte.

Gregor fügt hinzu: „Sodann bestieg er sein Pferd und warf mit eigener Hand in verschwenderischer Großzügigkeit Gold und Silber unter das Volk, das am Weg zwischen dem Portal der Eingangshalle der Basilika und der Stadtkirche versammelt war. Von diesem Tag an trug er den Titel Konsul oder Augustus." Die Schlacht von Vouillé fand im Jahr 507 statt, und Chlodwig sollte in der Folge weitere Siege davontragen. Man weiß, daß er am 27. November 511 zu Paris gestorben ist, nachdem er dort einem Konzil beigewohnt hatte, das in Gallien das Asylrecht eingeführt hatte. Man kann kaum genug auf die Bedeutung dieses Asylrechts hinweisen, das alle Kirchen besitzen sollten, die auf dem Boden Frankreichs in großer Zahl entstanden, sowie alle Feldkreuze an den Wegkreuzungen, und welchen Einfluß es auf die Entwicklung der Sitten hatte. Hält man sich die Härte der Strafen vor Augen, die das römische Recht vorsah, so kann man die Tiefenwirkung einer solchen Einrichtung ermessen, die selbst dem schlimmsten Verbrecher eine Chance gab, und die während der ganzen Zeit, die wir als das „Mittelalter" bezeichnen, eine zunehmend wichtigere Rolle spielen sollte. Das Asylrecht verschwand erst ab dem 16. Jahrhundert, als es von den bürgerlichen Gerichten immer weiter zurückgedrängt wurde[10].

Doch dürfen wir den Text Gregors nicht abbrechen, ohne noch das folgende zu zitieren: „Die Königin Clothilde kam nach dem Tod ihres Gatten nach Tours, ließ sich dort in der Basilika des heiligen Martin nieder und lebte an dieser Stätte bis ans Ende ihrer Tage, voll der Tugend und Güte. Nur sehr selten besuchte sie Paris."

Am Anfang der Errichtung des Königreichs, das den wahren christlichen Glauben übernahm, stand also die Verehrung des Grabes des heiligen Martin von Tours. Den Entschluß zu dieser entscheidenden Wahl hatte Chlodwig unter dem Einfluß seiner Gattin Clothilde gefaßt, zu einer Zeit, als die Goten, die Wandalen und auch die Burgunder, die sich auf französischem Boden bekämpften, die arianische Häresie verbreiteten, die zum Beispiel in Spanien erst im Lauf des 7. Jahrhunderts erlosch.

* * *

Die tiefgreifende Entwicklung, die sich in den Massen vollzogen hat, wird darin sichtbar, daß sich auf vielen Gebieten Stil und Ausdrucksweisen ändern. Das ist wahrscheinlich das deutlichste Kennzeichen dafür, daß sich allgemein die Mentalität gewandelt hat. Zum Beispiel ist es erstaunlich zu beobachten, wie die Kirchen, die fast allerorten entstehen, und selbst die auf Befehl und mit Unter-

[10] Das Asylrecht gab es schon in der Antike, aber in sehr reduzierter Form: Nur der kam in seinen Genuß, dem es gelang, in einem Tempel Zuflucht zu finden. In der Antike gab es aber nur wenige Tempel, ganz im Gegensatz zu unseren vielen Pfarrkirchen und Wegkreuzen.

stützung der Kaiser gebauten Basiliken, überhaupt nicht den heidnischen Tempeln gleichen, weder in ihrer Architektur – die die Menschenmengen berücksichtigen muß, die sie bevölkern (während die Tempel früher nur für die Priester waren) –, noch in ihrer äußeren Gestaltung. In der griechisch-römischen Antike war die Skulptur, zumal die Monumentalskulptur, die Kunst par excellence. Doch jetzt stellt man fest, und das schon ab dem 4. Jahrhundert, daß Farbe und Malerei in der Architektur einen früher unvorstellbaren Platz einnehmen. Ja, das gilt bereits für die Katakomben: Es ist überraschend, daß in diesen unterirdischen Kultstätten in einer Zeit, wo die Beleuchtung nur äußerst spärlich mittels Öllampen oder Wachskerzen möglich ist, plötzlich ausgedehnte farbige Wandmalereien entstehen. Bei gründlicherem Nachdenken wird einem erst bewußt, wie verblüffend der Kontrast zwischen den tatsächlichen Lebensumständen dieser Menschen, die sich heimlich zum Gebet versammelten, und ihrem Wunsch ist, ihrem Glauben mittels der Kunst sichtbaren Ausdruck zu verleihen. Man muß zugeben, daß die Katakombenmalereien in der Kunstgeschichte ein sehr rätselhaftes Phänomen sind: Wo man eigentlich eine Reliefkunst erwartet hätte, entsteht eine Farbenkunst, die mit der alexandrinischen Kunst verwandt zu sein scheint. Allerdings hat sie die Besonderheit an sich, daß sie die Oberfläche der Versammlungsräume ganz überzieht. Das entspricht dem Bedürfnis, diese Räume nicht nur als Zweckräume, sondern als schön gestaltete Räume zu erleben, und dazu kommt dann noch eine gesteigerte Vorliebe für Symbole. Brot und Wein bedeuten das Abendmahl, der Hirt, der ein Schaf auf der Schulter trägt, den Guten Hirten Jesus. Ein Heide, der diese unterirdischen Hallen betreten hätte, würde nichts entdeckt haben, was ihm skandalös erschienen wäre. Er hätte wahrscheinlich ähnlich wie ein Kunsthistoriker des 19. Jahrhunderts gesagt, hier handle es sich „um eine stümperhafte Armeleutekunst".

Als diese „armen Leute" dann ab dem 4. Jahrhundert mit Unterstützung der Kaiser große Basiliken bauen, nutzen sie die Gunst der Stunde nicht dazu, diese wie die zeitgenössischen Tempel mit vielen Statuen zu schmücken, sondern sie bleiben bei ihren Farben und steigern deren Glanz noch gewaltig mittels der Mosaikkunst. Die Römer schmückten ihre Fußböden mit Mosaiken, deren Grundton Weiß war. Jetzt haben die Böden meistens die Grundtöne Blau oder Gold, denn auch hier überwiegt die Vorliebe für Farben. Im 5. Jahrhundert entstehen in der Stadt Ravenna eine ganze Reihe dieser Meisterwerke. Man kann sie heute noch bewundern; lange jedoch wurden sie von den „Kennern" der Kunstgeschichte links liegen gelassen. Ravenna war zu Anfang des 5. Jahrhunderts zur kaiserlichen Hauptstadt geworden; das sollte es fast zweihundert Jahre lang bleiben, auch wenn es nach dem Ende des Reiches im Jahre 476 nur noch die Hauptstadt einer Reihe von Gotenkönigen wie Odoaker und Theoderich war. Für uns ist Ravenna die Hauptstadt jener neuen Kunst, die sich seit dem 4. Jahrhundert entwickelt und Meisterwerke wie diejenigen der Heiligenprozession zu San Apollinare hervorbringt. Ab dem 5. Jahrhundert zeigt das großartige Mausoleum der Galla Placidia in voller Prachtentfaltung diese neue Kunst der Farbe, die ausnahmslos alle Wände und Gewölbe überzieht und die Geschichte Christi sowie verschiedenen Szenen der Bibel darstellt. Dabei beeinträchtigt sie nicht die architektonische Gestaltung, sondern unterstreicht diese sogar noch und erfüllt das gesamte Bauwerk mit Leben.

Das scheint von nun an das Hauptanliegen der Kirchenbauer zu sein: ihre Versammlungsorte zu *beleben*. Daher verwenden sie Farbe, die *Leben* bedeutet, ohne streng darauf bedacht zu sein, genau die Wirklichkeit abzubilden, die es ohnehin zu transzendieren gilt und die man deshalb nicht ein zweites Mal darstellen muß. So entsteht die Ikone, der es überhaupt nicht darum geht, das äußerlich Sichtbare abzubilden; sie will vielmehr das offenbaren, was das klassische Porträt verbirgt. Die Ikone interessiert sich nur für das innerliche Sein, und sie bemüht sich, dieses ans Licht zu bringen. Darum sind ihr die genauen Proportionen, die Perspektive, die Gesetze der Anatomie nicht wichtig: Sie beschränkt sich darauf, auf eine Wahrheit, auf ein inneres Leben hinzuweisen. Die Ikone möchte das zeigen, was die Natur eher verdeckt; sie bietet einen ganz anderen Einblick in den Menschen und das Dasein als die bloße Abbildung. Übrigens wird sie einen Sonderweg einschlagen. Geboren in der fernen Zeit, wo die antike Klassik in ihren letzten Zügen liegt, und gestaltet mit deren Ausdrucksmitteln, wird sie immer gleich bleiben und vor allem in den orientalischen Kirchen von Generation zu Generation weitergegeben werden. Im byzantinischen Reich wird man sie eine Zeitlang bitter bekämpfen, aber sie wird sich in allen orthodoxen Kirchen durchsetzen; vor allem in Rußland wird sie bevorzugt Verbreitung finden. Im Abendland verläuft ihr Schicksal ganz anders, aber heute entdeckt man sie wieder mit neuem Gespür für ihren tieferen Sinn.

Jedenfalls bedeutet diese neue Vorstellung alles andere als eine Verarmung, sie bereichert im Gegenteil den Begriff dessen, was Kunst sein kann. Hinzu kommt, daß sich im Lauf des 5. Jahrhunderts etwas Wichtiges für die Christenheit ereignet: die Bekehrung Irlands. Im Jahr 432 beginnt der heilige Patrick eine Evangelisierung, die sich rasch als ungemein fruchtbar erweist. Die Kelten Irlands, die wie die Kelten Galliens nicht das Joch der Römerherrschaft hatten erdulden müssen, nehmen mit einer Art Leichtigkeit den Glauben an einen Gott in drei Personen an, einen Gott, der grenzenlose Liebe und den Menschen unendlich nahe ist, weil er selbst Mensch geworden ist. Es wird kein ganzes Jahrhundert dauern, bis dieselben Irländer nach Europa herüberkommen und dort den Glauben mit neuer Vitalität erfüllen, der durch eine Vielzahl von Häresien bedroht und geschwächt ist. Gleichzeitig bringen sie ihren eigenen Kunststil mit, den wir in der gallischen Kunst wiederfinden und der unglaublich fruchtbar weiterwirkt; später führt er sogar zur Geburt der romanischen Kunst im strengen Sinn. Selbst ein Historiker wie Henri Marrou, an dessen Vorliebe für die Kunst der Klassik kein Zweifel besteht, war davon stark beeindruckt, als er das studierte, was er die „Antiquité tardive" („Spätantike") und die „invasion de l'entrelacs" („Invasion der Flechtbandmuster") nannte. Das irische Flechtbandmuster war durchaus nicht nur ein dekoratives Motiv wie zum Beispiel in der griechischen Kunst, sondern seit dem 6. Jahrhundert wird es zum bevorzugten künstlerischen Ausdrucksmittel, das sowohl Themen aus der Tierwelt einbezieht, als auch – was noch wichtiger ist – die Buchstaben des Alphabets, die dadurch wie mit einer Art von geheimem, unerwartetem und in immer neuen Formen sich darbietendem Leben beseelt werden. Man findet dieses Muster noch in der Initiale eines Manuskripts aus dem 12. Jahrhundert. Die bevorzugten Mittel des künstlerischen Ausdrucks sind jetzt die Farben und die Lebendigkeit der Ornamente, die oft einer rätselhaften Phantasie entstammen. Damit stehen sie in völligem Kontrast zur klassischen Kunst der Antike. Leider sind uns nicht allzu viele dieser Kunstwerke erhalten geblieben, die das sogenannte Hochmittelalter beherrschen, denn sie sind weithin dem Unverständnis und der Zerstörungswut der Zeit zum Opfer gefallen, die das in ihren Augen „finstere Mittelalter" hinter sich lassen wollte.

Das Grab des heiligen Martin ist ein bezeichnendes Beispiel für das, was sich im Laufe der Jahrhunderte abspielen wird. Gregor von Tours hat erzählt, wie er, frisch zum neunzehnten Bischof der Stadt ernannt, die Kathedrale vorfand, „in der der selige Martin und mehrere andere Priester des Herrn heilige Bischöfe gewesen sind. Sie war ausgebrannt und völlig zerstört. Ich habe sie größer und schöner wieder aufgebaut und im siebzehnten Jahr meines Bischofsamts eingeweiht ... Ich fand die Mauern der heiligen Basilika von den Flammen verwüstet, und ich ließ sie von meinen Arbeitern frisch bemalen und verzieren, so daß sie wieder so herrlich erstrahlten wie früher."

Wir erinnern uns: Der erste Bau war im Jahr 470 vom heiligen Perpetuus eingeweiht worden. Es heißt, sie sei bis zur Zeit der Herrschaft Karls des Großen die größte Basilika des ganzen Abendlandes gewesen, hundertsechzig Fuß lang, sechzig Fuß breit, mit einer Gewölbehöhe von fünfundvierzig Fuß.

Zur Zeit der Normanneneinfälle wurde die Basilika im Jahre 903 schwer bedroht. Während die Normannen die Befestigung bestürmten, kam einem Teil der Einwohner von Tours der Einfall, das Reliquiar des heiligen Martin in Prozession bis zur Befestigung zu tragen und in inständigem Gebet hinter einem der Stadttore zu verharren, das die Angreifer einzurennen drohten. Daraufhin erfaßte die Angreifer jäh ein panischer Schrecken, sie ließen ab und ergriffen die Flucht. In der Folgezeit umgab man die Basilika selbst mit einer Befestigungsmauer; man nannte den umgrenzten Bereich Martinopolis, Martinsstadt. Als Papst Urban II. die Christenheit aufrief, das Kreuz zu nehmen und loszuziehen, um Jerusalem von den Muselmanen zu befreien, machte er am Grab des heiligen Martin halt. Auch eine andere sollte eines Tages hierher zum Gebet kommen: Jeanne d'Arc kam 1429 nach Tours, um hier ihre Rüstung anfertigen zu lassen.

Die Wallfahrt zum Grab des heiligen Martin galt als die „gallische Wallfahrt", als sie 511 auf dem Konzil zu Orléans in den gleichen Rang wie die Wallfahrten nach Rom oder Jerusalem erhoben wurde. Sie wurde ungemein bedeutend, wie im Lauf der Jahrhunderte immer wieder bezeugt wurde. Auch auf dem Konzil von Chalon-sur-Saône im Jahre 813 erkannte man ihr die gleiche Bedeutung wie der Wallfahrt nach Rom zu. Im darauffolgenden Jahrhundert erklärte Papst Leo VII. 938: „Kein Ort, ausgenommen Sankt Peter zu Rom, zieht eine so große Zahl von Bittstellern an, die aus so vielen verschiedenen und fernen Ländern kommen." Das wird von Abt Odo von Cluny bestätigt, der berichtet, daß „Fremde dorthin eilen, Tausende von Menschen dort zusammenströmen, deren Sprache man nicht einmal versteht". Sie alle strömen durch die Portale der über dem Grab Martins erbauten Basilika. Doch zu dieser Zeit ist schon die Wallfahrt zu Sankt Jakobus nach Compostela so beliebt geworden, daß sie den dritten Rang nach Rom und Jerusalem erreicht hat.

Auch im alten *Guide du pèlerin* (Pilgerführer) der Jakobuswallfahrt nach Compostela wird ausführlich das Grab Sankt Martins erwähnt. Darin heißt es: „Auf diesem Weg muß man auch an den Ufern der Loire den Leib des heiligen Martin, des Bischofs und Bekenners, besuchen. Dort ist er gestorben, der selbst drei Tote glorreich vom Tod erweckt und zahlreiche Kranke geheilt hat: Aussätzige, Besessene, Versehrte, Mondsüchtige und von Dämonen beherrschte." Sodann folgt eine Beschreibung des Martinsgrabes: „Der Reliquienschrein, in dem seine kostbaren Überreste in der Stadt Tours ruhen, strahlt mit seiner Fassung aus Gold, Silber und Edelsteinen, und er ist durch häufige Wunder berühmt. Darüber ist zu seinen Ehren eine gewaltige, ehrwürdige Basilika errichtet worden; sie ist von majestätischem Ausmaß und gleicht derjenigen von Santiago. Die Kranken kommen dorthin und werden geheilt, die Besessenen werden befreit, die Lahmen können wieder gehen, alle Arten von Krankheiten werden behoben, und alle, die um Gnaden bitten, empfangen völligen Trost. Deshalb wird sein herrlicher Ruhm überall durch Loblieder zu Ehren Christi, der solches durch Martin wirkt, verbreitet. Sein Fest wird am 11. November gefeiert."[11]

* * *

[11] Auszug aus dem alten Pilgerführer *Guide du pèlerin de Saint-Jacques de Compostelle,* 1950 zu Mâcon von Jeanne Vieillard neu herausgegeben. Eine Bemerkung in diesem Werk weist auf den engen Zusammenhang sogar auf architektonischem Gebiet zwischen den früheren Kirchen von Santiago zu Compostela und Saint-Martin zu Tours hin.

Im 16. Jahrhundert wurde das Martinsgrab völlig zerstört: 1562 „plünderten es" die Hugenotten „restlos aus", verbrannten die Reliquien und verstreuten die Asche. Der Reliquienschrein, der die Überreste des heiligen Martin barg, wurde von der Glut verzehrt. Ein Mann namens Saugeron, der entsetzt dem Schauspiel beiwohnte, konnte ein Stück des Schädels und einige Knochen aus der Asche bergen. Die Basilika – jene aus dem 12. Jahrhundert, die 1175 begonnen und zu Anfang des 13. Jahrhunderts fertiggestellt wurde – blieb erhalten; sogar die Wallfahrt lebte in bescheidenem Maß wieder auf. Doch mit der Französischen Revolution kamen neue Verwüstungen. 1793 wurde die Basilika zur Plünderung freigegeben und dann in einen Pferdestall umgewandelt. Dem Verfall preisgegeben, verkam sie derart, daß 1797 die Gewölbe einstürzten. Danach blieb sie als Ruine stehen und war dem weiteren Zerfall preisgegeben, den jedes Bauwerk dieser Art erleidet; zudem wurde sie von den Leuten der Umgebung als Steinbruch für den Bau eigener Häuser verwendet. Erst als die Schrecken der Revolution ganz vergangen waren, wurde bekannt, daß die Reliquien des heiligen Martin von einem Glöckner namens Lhommais geborgen und versteckt worden waren.

Saugeron und Lhommais gehören zu den Namen, die nicht der Vergessenheit anheimfallen sollten; es sind Namen einfacher Leute, wie sie Martin von Tours besonders geliebt hat. Sie haben Leib und Leben riskiert, um wenigstens einen kleinen Rest des kostbaren Erbes aus dem Feuer und den Massakern zu retten. Man braucht viel Mut und eine starke Persönlichkeit, um gegen den Strom der Massen zu schwimmen, vor allem in einer Zeit wie derjenigen der Revolution.

Auch den Namen eines gewissen Monsieur Dupont aus Tours sollte man unbedingt in Erinnerung behalten, obwohl er das in seiner Bescheidenheit von sich weisen würde – oder gerade deshalb. Dieser „heilige Mann von Tours" lebte im 19. Jahrhundert. Es ließ ihm keine Ruhe, daß in seiner Stadt niemand mehr wußte, wo genau die Stelle des Martinsgrabs gewesen war. So kaufte er die Häuser an der Ecke der Rue Descartes/Rue des Halles, die inzwischen auf der Stelle der früheren Basilika gebaut worden waren und begann dort Ausgrabungen zu machen. Am 21. Dezember 1880 (es war der Tag nach der Oktav des Festes der „Heimkehr des heiligen Martin“) förderte man tatsächlich die Reste eines Grabes zutage. Es war das Grab, in das am 4. Juli 470 der heilige Martin gebettet worden war. Angestoßen durch diese Wiederentdeckung, begann man mit dem Bau einer neuen Basilika, die nur langsam Gestalt annahm und endlich am 4. Juli 1925 geweiht werden konnte. Nach fast zwei Jahrhunderten der Verwüstung können die Menschen also heute wieder vor den Überresten des heiligen Martin knien und ihre Gebete verrichten. Die Umgebung ist zwar nicht mehr dieselbe wie früher. Die neu gebaute Basilika ist Zeugin jener Unfähigkeit zu echter Schönheit, die für das 19. Jahrhundert auf dem Gebiet religiöser Kunst typisch war. Aber immerhin wurde der heilige Ort wiederentdeckt und neu zu Ehren gebracht.

* * *

Die sonstigen Erinnerungen, in denen Martin weiterhin fortlebt, sind eher unter die Folklore als den Heiligenkult einzuordnen: so zum Beispiel die Martinsfeste in Belgien, in Ypern, Gand oder auch Dünkirchen, die volkstümlich geblieben sind, und selbst in Holland, zum Beispiel in Groningen.

Sein Fest findet zu einem günstigen Datum statt; es liegt in der Jahreszeit, in der die Ernte eingebracht und die Weinlese beendet ist. In dieser Zeit sitzt man vor allem auf dem Land gern zusammen; man ißt dabei die Martinsgans und trinkt den Martinswein und genießt den „été de la Saint-Martin“ („Martinssommer“), diese Tage, die noch einmal klarer und sonniger sind und eine Lücke in die grauen Herbstnebel reißen. Es ist nicht ausgeschlossen, daß hinter dem *Thanksgiving Day* in der Vereinigten Staaten, der zwar aus der Geschichte der Einwanderung aus Europa erwachsen ist, Erinnerungen an die Volksfeste stecken, die in der Zeit um den Martinstag in Europa üblich sind[12].

Es bleibt noch auf die Bedeutung des Werkes von Sulpicius Severus hinzuweisen, dessen *Leben des heiligen Martin von Tours* seit dem 4. Jahrhundert eine Art „Bestseller" war und jahrhundertelang viel gelesen wurde. Sulpicius hat selbst in seinen *Dialogen* sein Gespräch mit einem seiner Freunde, Postumianus, aufgezeichnet, der ihn in seinem Altersruhesitz zu Alzonne besuchte. Postumianus versicherte ihm: „Dein Buch trage ich immer bei mir. Schau, ich hoffe, du erkennst es gleich wieder, hier ist es." Und er zog das Buch aus seinen Gewandfalten, in denen es verborgen war und zeigte es ihm. „Das ist dein Buch. Es war mein Begleiter zu Land und zur See, mein Vertrauter und mein Tröster auf meinen ganzen Reisen." Dann zählte er alle Länder auf, wo er hatte feststellen können, daß man das *Leben des heiligen Martin von Tours* von Sulpicius Severus las: „Es gibt fast keinen Ort auf der Welt, wo der Inhalt einer so reichhaltigen Geschichte nicht verbreitet und bekannt ist. Wer als erster dein Buch in der Stadt Rom eingeführt hat, war dein großer Freund Paulinus von Nola. Dort riß man sich in der ganzen Stadt dieses Buch förmlich aus den Händen. Ich habe Buchhändler jubeln sehen, denn sie sagten, mit nichts machten sie ein besseres Geschäft; nichts verkaufe sich leichter und werde besser bezahlt. Als ich das Schiff bestieg, stellte ich fest, daß dein Buch mei-

---

12 Diese vielfältigen Feste sind im bereits zitierten Artikel von Chanoine Sadoux, dem Rektor von Saint-Martin zu Tours in der Zeitschrift *Sanctuaires et pèlerinages* 1959 erörtert. Sie waren auch der Gegenstand einer Sondernummer der Zeitschrift *Fêtes et Saisons* Nr. 53, 1950.
Anm.d.Ü.: Erwähnt werden müßten hier auch die Martinsfeiern und -umzüge in ganz Süddeutschland, vor allem in Kindergärten, wo zum Teil mit Pferd und kostümiertem Reiter die Szene der Mantelteilung nachgestellt wird; ferner der Martinstag als Termin der jährlichen Zinszahlungen und Dienstbotenentlohnungen im ganzen Mittelalter.

nem Schiff schon lange vorausgeeilt war. In Afrika angekommen, sah ich, daß es schon in ganz Karthago gelesen wurde. Nur mein cyrenäischer Priester kannte es noch nicht (wir haben weiter oben gehört, daß das Schiff des Postumius dort gestrandet war und er diesen Wüsteneinsiedler besucht hatte); aber als ich es ihm gab, schrieb er es sich sofort ab. Und was soll ich von Alexandrien sagen? Dort kannten fast alle dein Buch, vielleicht besser als du selbst. Es hat schon ganz Ägypten durchquert, die Nitris, die Thebais, das ganze Königreich von Memphis. In der Wüste habe ich gesehen, wie ein alter Mann darin las; als ich ihm sagte, ich sei dein enger Freund, gaben mir er und viele Brüder einen Auftrag: Sie haben zu mir gesagt, falls ich in dein Land zurückkäme und dich in guter Gesundheit anträfe, sollte ich dich dringend bitten, dein Werk zu vollenden, indem du noch alle anderen Wunder des seligen Martin aufschreibst, von denen du im fraglichen Buch sagst, du habest sie weggelassen."

Die derartige Verbreitung eines Buches in einer Zeit, wo jedes Buch noch von Hand abgeschrieben werden mußte, ist uns heute nur noch schwer vorstellbar. Doch wird sie von einem Zeugen belegt. Es ist ein Zeuge, der sich nicht scheut, seinen Namen zu nennen und dieselbe hohe Wertschätzung für das Buch zu bekunden wie die Leser, von denen er berichtet. Das Werk ist 397 erschienen, genau im Todesjahr Martins, und seine Leser verlangten von Sulpicius Severus noch weitere Einzelheiten über das Leben und die Wunder Martins.

Diese Wertschätzung hat das Werk tatsächlich verdient, denn es ist von einem gewissenhaften und zugleich begeisterten Zeitgenossen verfaßt, der mit liebevoller Sorgfalt alles überliefert, was er von Sankt Martin hat in Erfahrung bringen können, und der seine Begeisterung weiterzugeben vermag. Zudem ist sein Werk schon sehr früh von anderen Autoren benützt und umgeformt worden. Schon im 5. Jahrhundert wurde es von Paulinus von Périgueux in Versform gebracht, einem Freund des Bischofs Perpetuus von Tours (461–491), also dem, der die erste nach Sankt Martin benannte Basilika gebaut und eingeweiht hat. Eine Neufassung in Versform wurde noch einmal und mit größerem Geschick von Venantius Fortunatus unternommen, einem großen Poeten (um 530–ca.600). Eine große Anzahl mittelalterlicher Autoren haben ebenfalls über Martins Leben geschrieben, an ihrer Spitze Gregor von Tours, der zudem eine prägnante Formel geprägt hat: „Martin, besonderer Patron der ganzen Welt" *(Toto orbi peculiari patrono).* Im vorigen Jahrhundert hat Lecoy de la Marche in seiner gründlichen Studie alle wichtigen Werke, die Martin gewidmet sind, aufgelistet: so diejenigen von Richer, Abt von Saint-Martin-de-Nesse im 12. Jahrhundert, und von Walafrid Strabo oder von Notker, dem Abt von Sankt Gallen im 9. Jahrhundert. Erzählt wird auch die amüsante Geschichte von zwei Kranken, die gehört hatten, man trage die Reliquien Sankt Martins in Prozession durch die Straßen. Daraufhin waren sie von Straße zu Straße geflohen, um den Reliquien zu entkommen. Sie waren sich nämlich ziemlich sicher, daß sie von diesen geheilt und damit um ihr Gewerbe als Bettler gebracht worden wären! Doch schließlich liefen sie doch unversehens in die Prozession mit dem Martins-Reliquiar hinein und erlangten auch prompt beide wider Willen ihre Gesundheit zurück. 1496 wurde ferner von einem Autor namens André de la Vigne ein Gedichtwerk mit dem Titel *Das Geheimnis des Lebens von Sankt Martin* verfaßt und in der Stadt Seurre in Burgund öffentlich vorgetragen. Dieser Vortrag dauerte drei Tage, denn das Werk bestand aus nicht weniger als zwölftausend Versen.

Das genügt, um zu zeigen, welche Bedeutung das Werk von Sulpicius Severus im Lauf der Zeit erlangt hat; noch heute überliefert es uns ganz lebendig die Empfindungen eines Zeitgenossen Martins, der ihn persönlich gekannt, seine Heiligkeit erfaßt und mit viel Geschick die Bewunderung zum Ausdruck brachte, die Martin in ihm geweckt hat.

XII
Die Heiligkeit Martins

Die Bedeutung, die der Kult Sankt Martins erlangt hat, ist um so erstaunlicher, wenn man sich vor Augen hält, daß man bis dahin allgemein die Heiligkeit mit dem Martyrertum gleichgesetzt hatte. Mit einem Mal erkennen die Menschen in Martin, der kein Martyrer war, alle Merkmale echter Heiligkeit. Mit ihm fängt das Kapitel der „unblutigen" Bekenner des Glaubens an. Sulpicius Severus hat es nicht versäumt, diesen Punkt ausdrücklich zu erläutern: „Zweifellos hat ihm die Gelegenheit gefehlt, für den Glauben sein Blut zu vergießen. Doch wäre es nicht gerecht, ihm deshalb die Glorie der Martyrer vorzuenthalten, denn seiner Sehnsucht und seinem Mut nach wollte er durchaus Martyrer werden, und er war auch tatsächlich einer. Hätte er zu Zeiten eines Nero oder Decius gelebt, so lege ich dem Gott des Himmels und der Erde Zeugnis dafür ab, daß er ohne irgendwelches Zögern auf den Scheiterhaufen gestiegen wäre und sich den Flammen ausgeliefert hätte." Von da an ehrt man neben, oder genauer: nach den Martyrern auch diejenigen, die wie Martin ihren Glauben auf außerordentliche Weise bekannt haben, als „heilige Bekenner". Zu seiner Zeit wird diese Ehre auch Basilius von Cäsarea und Athanasius zuteil.

Wirft man einen Blick auf das Gesamt seines Lebens, so ist man fast geneigt, Brictius recht zu geben, der sagte, darin finde sich eigentlich nichts Besonderes. Nichts in Martins Leben erinnere an diejenigen, die Eisen und Feuer erduldet haben, nichts an die Wüstenväter, die die Einsamkeit gesucht und sich durch aufsehenerregende

Kämpfe gegen wilde und schreckliche Dämonen oder durch erstaunliche asketische Leistungen ausgezeichnet haben, wie einige Zeit später die Säulensteher. Der heilige Martin ist dagegen, so könnte man sagen, ein alltäglicher Heiliger. In erster Linie hat er das Leben so angenommen, wie es sich ihm dargeboten hat. Zunächst wurde er Soldat, weil er dazu gezwungen wurde, dann Bischof, weil man ihn dazu gewählt hat, obwohl er bis dahin alles getan hatte, um ein einfacher Exorzist zu bleiben; nicht einmal die Priesterweihe hatte er zu empfangen gewagt, weil er überzeugt war, ihrer nicht würdig zu sein.

Er hat es verstanden, die demütigste, die unscheinbarste Form der Heiligkeit zu praktizieren. Für alle in seiner Umgebung war das ganz eindeutig: er findet Gott im Alltäglichen. Gott ist für ihn anwesend im Leben jedes neuen Tages mit seinen einfachen Pflichten, seinen subtilen Widerwärtigkeiten, seinen mittelmäßigen Fortschritten. Bis dahin war es fast unvorstellbar gewesen, daß Christus, der Erhabene, der uns das Evangelium gebracht hat, im alltäglichen Leben Platz finden könnte. Während der ersten drei Jahrhunderte des Lebens der Kirche hatte das Christwerden nämlich einen radikalen Bruch bedeutet: mit der Umgebung, mit der allgemein üblichen Art des Denkens und Verhaltens, mit der Macht, mit den vorherrschenden Sitten. Christsein bedeutete, sein Leben hinzugeben und im Ernstfall den Henkern auszuliefern. Martin dagegen überläßt sich den normalen Lebensbedingungen, die er nicht selbst gewählt hat. Aber von Jugend an, als er seinen Sklaven wie seinen Bruder behandelte, unterscheidet er sich radikal von allen anderen Soldaten. Er hat eine derart fruchtbare Geduld, daß er zum Staunen seiner Umgebung eine tausend Jahre alte Praxis auflöst. Wiederholen wir es: Die große Leistung Martins bestand darin, daß er das Absolute ins Alltägliche einbrachte. Zur Zeit, wo vor allem im Orient die Wüstenväter weiterhin den großartigen geistlichen Kampf suchten, nämlich die direkte Konfrontation mit dem Dämon, ist Martin ganz Demut, bedient einen Sklaven und putzt ihm die Schuhe. Das ist geradezu lächerlich, und er weiß das selbst. Was er nicht weiß ist, daß er dadurch auch dem alltäglichsten Leben ganz ungeahnte Perspektiven eröffnet.

Sein Beispiel ist um so wichtiger, als es ganz genau den Bedürfnissen der Zeit entspricht, in der er lebt. Die gesamte Zivilisation erlebt eine radikale Veränderung: Fortan gilt die Aufmerksamkeit vor allem dem Menschen und dem Weg der Menschheit, und damit haben sich die Bezugspunkte verändert. Es geht nicht mehr bloß darum, der Sieger zu sein, der Starke, der über Macht verfügt, der Weise, dem keine Erkenntnis fremd ist, von der philosophischen bis zur poetischen; also ein Mensch, der über den Unzulänglichkeiten des gemeinen Volkes steht und sich für eine Art Übermensch halten kann; der volle Wahlfreiheit hat und die Denkungsart entwickeln kann, die ihm am meisten liegt, und sei es, wie es die Stoiker machen, um sich selbst jedes Übermaß der Leidenschaften zu versagen. Nein, was von jetzt an den Menschen beseelt, und über ihn hinaus die Gesellschaft, ist ein überlieferter Inhalt, nämlich der des Glaubens. Er ist dazu bestimmt, weitergegeben und praktisch gelebt zu werden, und zwar anhand seines einfachsten Imperativs, der da lautet: Liebe deinen Nächsten wie dich selbst; liebe so, wie Gott uns liebt. Es geht nicht mehr darum, die Welt ganz neu zu entwerfen, und wäre es nach den gesegneten Gesetzen höchster Weisheit, sondern es geht darum, alles von Gott zu empfangen. Martin hat nichts von einem Humanisten an sich, und erst recht nichts von einem Ideologen: er betet.

Auch seine Beziehungen zu anderen, wer sie auch seien, entbehren jeder Großartigkeit. Brictius kann seine Wut an ihm auslassen, ihn beleidigen, ihn provozieren; er schweigt dazu beharrlich und lächelt. Aber es genügt, daß er jemanden vor Kälte zittern sieht, den sonst niemand beachtet, und er teilt mit ihm seinen Mantel. Für ihn ist der andere heilig. Und das ist wahrscheinlich der Lackmustest für den Glauben: Für einen vom Glauben Beseelten ist der andere, ganz gleich, wer er sei, ob mächtig wie ein Kaiser oder unbekannt wie ein Bettler, der Mitmensch. In unseren Tagen hat eine Mutter Teresa einem ganzen Weltteil einen wichtigen Impuls gegeben, und das nur deshalb, weil sie eines Tages einen Sterbenden, den sie auf der Straße sah, aufgelesen und versorgt hat. Zu seiner Zeit hat Martin eine ganze Zivilisation angestoßen: Er hat in aller Schlichtheit die ersten Handgriffe getan, die von da an jeden Christen für seinen Nächsten verantwortlich gemacht haben.

Tatsächlich fängt mit ihm eine neue Zivilisation an, deren Grundlinien allerdings nicht immer direkt auszumachen sind. Die Zeitgenossen damals bekamen vor allem den Zusammenbruch zu spüren – was normal ist –: die zentrale hierarchische, von zahllosen Funktionären und Militärs gestützte Gewalt brach in tausend Stücke. Es sollte nach Martins Tod kein volles Jahrhundert mehr dauern, bis der letzte Kaiser abgesetzt wurde. Die wenigen noch übriggebliebenen Gebildeten müssen bestürzt miterleben, wie ihre Sprache hoffnungslos außer Gebrauch kommt: Das Latein wird nur noch in der Kirche verwendet. Der heilige Ambrosius entwickelt sie zwar weiter und schafft wunderbare Hymnen, aber diese verstoßen gegen alle Regeln der klassischen Metrik und Betonung. Was sollten diese Barbaren, die den Staat und die Bevölkerung unterwandert haben, auch von den subtilen Feinheiten der Kunst der Poesie verstehen? Diese Frage wird sich im 5. Jahrhundert Sidonius Apollinaris stellen: „Wie sollte denn ein Kerl, der sieben Fuß groß ist, einen sechsfüßigen Versreim zustande bringen?" äußerte er beim Anmarsch der Burgunder, dieser Barbaren, die der Landschaft Burgund ihren Namen geben sollten. In seinem Gefolge hat sich Venantius Fortunatus beklagt, er sehe keinerlei Möglichkeit, seine Poesie Barbaren wie den Bayern oder Alemannen nahezubringen. Als Augustinus stirbt, ist er Bischof von Hippo, und er wird der letzte Bischof dieser Stadt sein. Sogar im Umkreis derer, die sich nach seinem Beispiel auf den Gottesstaat ausrichten, scheint alles in Trümmer zu gehen.

Hippo fällt im Jahr 430. Vor Augustin, im Jahr 420, ist der heilige Hieronymus gestorben, der der Zivilisation ein unvergleichliches Vermächtnis hinterlassen hat: eine lateinische Bibelübersetzung, der er Form und Ausdruck verliehen hat, die Vulgata. Damals konnte noch niemand ahnen, daß aus dieser kostbaren Grundlage eine völlig neue Zivilisation erwachsen könnte. Doch sieht man, wie ihre ersten Triebe sich schon in den unmittelbar darauf folgenden Jahrhunderten ausbreiten. Und das von Martins Saat beschenkte Gebiet sollte zum neuen Zentrum werden, das neue Zeiten gestalten sollte: Die Loiregegend von Tours bis Poitiers sollte besonders fruchtbar für die heraufziehende Zivilisation werden.

Von da her gesehen, lassen sich Tragweite und Einfluß des Lebens und Verhaltens Martins sowie seines neuen Heiligkeitsideals kaum überschätzen. Als Soldat unterscheidet er sich von allen anderen Soldaten in dem wesentlichen Punkt, daß er seinen Sklaven als Mitmenschen achtet. Als Bischof ist er anders als alle anderen Bischöfe, die sich in ihrer Stadt gut einrichten, in ihren Kathedralen feierlich zelebrieren und das Volk belehren. Ohne Streit, ohne Absichtserklärungen, ohne den anderen irgendwelche Vorwürfe zu machen, überschreitet Martin ständig die Grenzen seiner Stadt und seiner Diözese. Er wird zum Wanderbischof, weil es ihm ein Anliegen ist, die Landleute, die *pagani,* die Heiden geblieben sind, zu unterweisen. Ihm geht es nicht um die Massen, er spricht die kleinen Gruppen der Dörfler an. Vielleicht war es nicht das, was die Leute von Tours von ihm erwartet hatten, als sie ihn an die Spitze ihrer Diözese beriefen, aber es ist der Grund dafür, daß überall in Frankreichs Dörfern Kirchtürme stehen und das ländliche Frankreich für das Christentum gewonnen wurde.

Man könnte noch hinzufügen, daß er auch kein Mönch wie die anderen Mönche war. Tatsächlich scharen sich um ihn die ersten Mönche des christlichen Europa, und er ist ihnen nicht in erster Linie ein predigender Lehrmeister, sondern ein Beter, den sie nachahmen wollen. Die Regel, die Stundengebete, die genaue mönchische Lebensweise kommen erst später, mit dem heiligen Benedikt. Doch in Ligugé und Marmoutier sind die ersten jener Klöster entstanden, die später ganz Europa überziehen werden, und das ist Martin zu verdanken. Er selbst hat lediglich die anderen bei sich aufgenommen und gemeinsam mit ihnen gebetet; daraus sollten die allerersten jener Gemeinschaften entstehen, die eine so reiche Nachfolgerschaft haben sollten.

Trotzdem bleibt seine Art der Heiligkeit viel unscheinbarer als die des Antonius und Pachomius. Bei ihm gibt es keine rigorose Askese wie bei denen, die in die Wüste hinausgezogen sind, um dort als Eremiten oder Zönobiten zu leben; es gibt auch keine halsbrecherischen Kämpfe mit dem Teufel oder dämonischen Mächten. Nein, bei Martin findet man nur ein einfaches, nüchternes Leben – auch wenn er es ganz richtig findet, für das Festmahl am Ostertag einen riesigen Fisch zu fangen! –, und man wird in eine einfache, bescheidene Gemeinschaft aufgenommen, die einen Sulpicius Severus so nachhaltig beeindruckt hat. Es geht hier schlicht um ein alltägliches Leben, das vom Gebet durchwirkt ist und unter den Augen Gottes geführt wird.

Das alles soll nicht heißen, daß nicht wunderbare Dinge vorgekommen wären. Immerhin hat Martin bei drei Gelegenheiten Menschen, die bereits für tot galten, wieder das Leben geschenkt! Weiter kann man die Wunder kaum treiben.

Heutzutage scheut man sich, von „Wundern" zu sprechen, es sei denn, es handle sich um „Wunder der Wissenschaft", welche um so bewunderswerter sind, als sie nichts

Wunderbares an sich haben, sondern die Frucht geduldigen, gewöhnlich lange und sorgfältig durchgeführten Forschens sind und verblüffende Erkenntnisse zeitigen.

Sulpicius Severus hat in der Lebensbeschreibung Martins nicht von Wundern gesprochen, aber in den *Dialogen* hat er den Begriff oft gebraucht. Zu seiner Zeit gilt das Wunder als eine Konsequenz des Glaubens, wie es im Evangelium versprochen ist: „Wer an mich glaubt, wird auch die Werke vollbringen, die ich vollbringe. Ja, er wird noch größere vollbringen, denn ich gehe zum Vater, und alles, um was ihr ihn in meinem Namen bitten werdet, werde ich tun" (Johannes 14, 12–13). Allerdings fällt der einem Irrtum anheim, der auf Wunder aus ist, statt sich um den Glauben zu bemühen.

In unserer Zeit stellt man wohl auch die Gegenwart des Teufels, von der im Leben Martins oft die Rede ist, in Frage. Im Lauf unserer Erzählung haben wir bereits gesagt, daß man ihn sich als jene negative Kraft vorstellen kann, die versucht, ihn von Gott abzuwenden. Sie tritt übrigens nicht immer in schrecklicher Gestalt auf, wie das in den Visionen und Kämpfen der orientalischen Asketen der Fall ist, hat sie doch sogar das Aussehen Christi selbst angenommen und war in Purpur gekleidet und mit einem Diadem geschmückt. Aber Martin weist diese Gestalt zurück, weil er Christus nicht in der Gestalt eines majestätischen Kaisers mit der Krone auf dem Haupt erwartet.

In etlichen Fällen hat Martin übrigens die Wut oder böse Leidenschaft, die einzelne Menschen an den Tag legten, wie etwa sein Schüler Brictius, dem Teufel zugeschrieben. Das Auftreten des Teufels wäre also in diesen Fällen bildlich zu verstehen.

In unserer Zeit könnte man Martins Vorliebe für Reliquien kritisieren. Er hatte Ambrosius von Mailand um die Reliquien der Martyrer Gervasius und Protasius gebeten. Vielleicht hat er sogar Reliquien der Thebaischen Legion besessen, also des heiligen Mauritius und seiner Gefährten, die auf Befehl des Kaisers Maximian gegen Ende des 3. Jahrhunderts, wahrscheinlich im Jahre 286, in Agaunum hingerichtet worden waren. In diesem Engpaß von Agaunum, das eine Art „Schlüssel zum Rhônetal" ist, hatten sich die Soldaten der Thebaischen Legion (sie stammte aus Theben in Ägypten) geweigert, einen Befehl auszuführen, der sie verpflichtet hätte, das Schwert gegen ihre christlichen Brüder zu richten; darum wurden sie zum Tode verurteilt. Sie wurden samt ihrem Führer, dem heiligen Mauritius, dezimiert und dann bis zum letzten Mann niedergemacht. Ihre Geschichte war gewiß in mehrerer Hinsicht für Martin von großem Interesse. Tatsächlich erzählt eine Überlieferung, er habe sich nach Agaunum begeben und durch die Kräuter, die sich unter seinen Pilgerschritten rot verfärbten, das Blut der Martyrer an der Stelle ihrer Hinrichtung aufgefunden. Allerdings lassen sich die ersten Spuren dieser Überlieferung nur bis ins 12. Jahrhundert zurückverfolgen; Sulpicius Severus hat von dieser Pilgerfahrt Martins nichts erzählt. Sicher ist nur, daß die Martyrer der Thebaischen Legion erst sehr lange nach ihrer Ermordung beigesetzt wurden und daß an der Stelle ihres gemeinsamen Martyriums genau zur Zeit Martins, gegen 360–370, von Theodoret, dem Bischof von Octodurum (Martigny/Martinach), eine erste Kirche zu ihren Ehren errichtet wurde.

Es ist durchaus plausibel, daß Martin auf die eine oder andere Weise einige Reliquien des heiligen Mauritius und seiner Gefährten in das Gotteshaus von Tours gebracht hat. Zur Zeit seines Nachfolgers Gregor wurden sie dort jedenfalls feierlich verehrt.

Dieser Reliquienkult sollte sich im Lauf der folgenden Jahrhunderte gewaltig steigern. Halten wir uns vor Augen, daß es sich dabei um ein ganz natürliches, zeitloses Bedürfnis handelt: Von einem geliebten Menschen möchte man ein Andenken aufbewahren, eine Blume, eine Haarsträhne. Heutzutage hat diese Rolle in etwa die Fotografie übernommen; sie erfüllt den Wunsch, vom betreffenden Menschen, der verstorben und nicht mehr da ist, etwas Sicht- und Greifbares bewahren zu können. Auf religiösem Gebiet hat sich im übrigen dieser Brauch erhalten: Jeder Altar, auf dem die heilige Messe gefeiert wird, enthält eine Heiligenreliquie. Allerdings ist dieser Reliquienkult in der Vergangenheit einer bedauerlichen Inflation anheimgefallen; es entstanden ein unziemlicher Reliquienhandel und abstoßende Mißbräuche. Die auf Martins Tod folgenden Jahrhunderte haben uns immerhin unvergleichliche Meisterwerke in Form von Reliquienschreinen hinterlassen.

Martin ist ein Kind seiner Zeit, und er ist der Vorläufer aller anderen, die die in seiner Kathedrale zu Tours aufbewahrten Reliquien verehren. Wir haben gesehen, daß seine eigenen Reliquien von den Gläubigen, die als Pilger dorthin kommen, sorgfältig aufbewahrt und verehrt werden – und dann im 16. Jahrhundert und auch noch später der wilden Zerstörung ausgesetzt sind.

Versucht man, tiefer zu erfassen, was die Heiligkeit Martins ausmacht, so bleibt eine tiefe Dankbarkeit für seinen Biographen Sulpicius Severus. Die Bewunderung, die er dem Glauben und der kontemplativen Hingabe Martins entgegenbringt, offenbart uns das Wesentliche an diesem Menschen. In späteren Zeiten hat man ihm gelegentlich diese Bewunderung zum Vorwurf gemacht, und man hat kontrovers diskutiert, ob sein Bericht glaubwürdig sei oder nicht. Manche haben das verneint, und zwar weil sie selbst gewisse Ausdrücke zu wörtlich genommen haben. Der große Historiker und Spezialist für diese Epoche, Camille Jullian, hat diese Zweifel seinerseits energisch in Frage gestellt. Er hat umgekehrt alle streng kritisiert, die sich weigerten, im Bericht des Sulpicius Severus „auf dem Hintergrund des Übernatürlichen eine Abfolge menschlicher Taten" zu sehen. Er schloß seine Serie von Studien, die er diesem Text gewidmet hatte, mit der Aussage, daß „diese Fakten alle den Stempel eines großartigen Menschen tragen, eines großen Führers in der Stadt Gottes", und er begrüßte anerkennend in Martin „eine durch und durch gesunde Intelligenz und einen konsequent geradlinigen Willen – wodurch er sich ganz und gar unterscheidet von einem visionärer Wundertäter, der immer nur ins Gebet versenkt ist, oder von einem Asketen, der in ständigem Kampf mit seinem Körper liegt".

Im übrigen ist es verlockend, das Leben und das Ansehen des heiligen Martin mit demjenigen eines anderen Menschen, der fast sein Zeitgenosse war und sich ebenfalls durch alle Jahrhunderte einer erstaunlichen Popularität erfreut hat, zu vergleichen. Der Abendländer Martin besitzt nämlich in der morgenländischen Kirche eine Entsprechung: Es ist der heilige Nikolaus, ebenfalls Bischof, ebenfalls in diesem Jahrhundert lebend, in dem sich die Kirche konsolidiert, und ebenfalls ausgestattet mit einer Berühmtheit und einem Kult, der bei weitem das übertrifft, was ein Bischof je für sich erwarten könnte, selbst wenn er schon zu Lebzeiten höchst populär wäre. Historisch gesehen, gibt es für Nikolaus nicht dasselbe Quellenmaterial wie für Martin: Für ihn hat sich kein Sulpicius Severus gefunden, der sein Leben nacherzählt hätte. Auch sind die streng historischen Fakten, die von ihm überliefert sind, sehr schwach. Er wird als Nikolaus von Myra oder von Bari bezeichnet. Myra war ein Bistum in Lykien in der Provinz Kleinasien. Er soll zur Zeit der Verfolgung des Diokletian im Gefängnis gesessen haben und im 4. Jahrhundert in seiner Bischofsstadt gestorben sein. Erst gegen Ende des 11. Jahrhunderts, im Jahre 1087, bemächtigten sich Korsaren aus der Stadt Bari in Süditalien zu Myra der Reliquien des Heiligen. Die Einwohner hatten aus Angst vor einer Invasion der Türken diese Stadt verlassen, und die Reliquien waren dort zurückgeblieben. Merkwürdigerweise steigerte sich von da an der Ruf des heiligen Nikolaus ins Unglaubliche, so daß er schließlich sogar der Patron von ganz Rußland wurde. Sein Kult ist vor allem im Orient stark verbreitet, doch im Abendland wird er kaum sehr viel weniger verehrt. Jedoch werden seine Akten, das heißt seine Wundergeschichten, erst im 13. Jahrhundert erzählt, nämlich in der *Legenda aurea* des Jacobus de Voragine. Jeder kennt die Geschichte von Nikolaus und den drei Jungen, die ein Gastwirt zu Myra ermordet und in einem Faß eingepökelt hatte. Nikolaus hat sie wieder zum Leben erweckt; es gibt sogar ein ziemlich volkstümliches Lied darüber. Auch erzählt man sich, wie Nikolaus drei Töchtern eines armen Mannes, die der Prostitution ausgeliefert werden sollten, eine Aussteuer verschaffte, indem er drei goldene Kugeln durch ihr Fenster warf und sie so in Ehren heiraten konnten. Aus seinem Grab in Bari soll ein wundertätiges Öl gesickert sein, von dem noch im 14. Jahrhundert berichtet wird. Erinnern wir im Zusammenhang damit an die Wunder, die Martin unter Verwendung von geweihtem Öl vollbracht hat, womit er die Lippen oder den kranken Körperteil desjenigen einrieb, den er heilen sollte.

Auch Nikolaus war wie Martin vom Volk zum Bischof erkoren worden. Es heißt, er habe am Konzil von Nikaia teilgenommen, und sein Name sei im Orient schon zur Zeit von Johannes Chrysostomos († 407) angerufen worden. Sein Kult breitete sich ungemein stark aus; allein in der Stadt Rom sind ihm mehr als 85 Kirchen und Klöster geweiht; in Paris war er der Patron der Advokaten. Schließlich ist bekannt, wie aus ihm infolge einer seltsamen Umwandlung der Weihnachtsmann wurde. An seinem Fest am 6. Dezember teilte man den Kindern zu Ehren des Heiligen Nikolaus Geschenke aus; aber nach und nach ist die Gestalt mit dem langen Bart und dem randvollen Sack voller Geschenke um drei Wochen verschoben worden, auf das Weihnachtsfest, an dem ebenfalls vor allem die Kinder mit Geschenken bedacht werden.

Was die nach Nikolaus benannten Personennamen und Patronatsorte angeht, so sind diese unzählig, zumal aus dem Namen Nikolaus alle möglichen anderen Namen abgeleitet wurden, wie zum Beispiel Klaas oder Klaus in der deutschen Sprache, ganz zu schweigen von französischen weiblichen Varianten wie Nicole oder Colette. Die Parallele zwischen diesen beiden Bischöfen des 4. Jahrhunderts ist jedenfalls auffallend genug, um Beachtung zu verdienen. Diese beiden Bischofsgestalten im Morgen- und im Abendland, deren ruhmreiches Gedächtnis alle Jahrhunderte überlebt hat, sind eine Erinnerung daran, wie die Kirche im 4. Jahrhundert in der Welt Fuß gefaßt hat.